Senats-Vorlage (65)
für Herrn Leguthe
[illegible] 2.8.58

Horstmann

Einfallstor

Die Deutsche Bibliothek - CIP-Einheitsaufnahme

Horstmann, Ulrich:
Einfallstor : neue Aphorismen / Ulrich Horstmann. - 1. Aufl. - Oldenburg : Igel-Verl., 1998
ISBN 3-89621-065-3

1. Auflage 1998

Igel Verlag
Rauhehorst 77 - 26127 Oldenburg
☎ 0441 - 6640262
🖹 0441 - 6640263
Layout: Nora Stach
Umschlag: Ausschnitt aus einem
Bild (o. T. 1982) von Egbert von der Mehr
Herstellung: Janus Druck, Borchen

ISBN 3-89621-065-3

Ulrich Horstmann

Einfallstor

Neue Aphorismen

Igel Verlag Oldenburg

Für meinen
Zwilling

I.
LAHN-SÜMPFE 1992/93

Wer wie ich mit einem Übermaß an Sendungsbewußtsein auf die Welt gekommen ist, hat die Pflicht, es so zu verausgaben, daß keine bleibenden Schäden auftreten. Das ist eine Kunst, aus der jede andere folgt.

*

Im Verteidigungsfall der gegnerischen Eroberungssucht Raum geben, immer mehr Raum. Bis sie den Planeten umrundet hat und sich selbst in den Rücken fällt. Flankierend Geldbombenteppiche auf ihre Großstädte – in Höhe der eingesparten Militärausgaben. Dann ist der Sieg unser.

*

Ganz glasig auf dem Balkon möchte man meinen, man blicke von hoch oben auf die Wolken herab – wenn die Mauersegler nicht wären. Keine Einbildung, kein alkoholischer Orientierungsverlust legt die auf den Rücken.

*

Der Zahnkranz der Jahre und dazwischen mit Fleiß zweimal täglich das Interdentalbürstchen.

*

Blumenwiesen sind längst nicht mehr schön; inzwischen „leisten sie einen erheblichen Beitrag zum modernen Naturerleben“.

*

Ein Geschlecht, das seine Flachdächer nicht dicht bekommt, wirtschaftet mit Plutonium.

*

„Mit zunehmender Höhe gefriert das Meer, und der Wellengang erstarrt zum Geriffel", flüstert mir ein subatomarer Ikarus wenige Millimeter über der Nirostaspüle.

*

Grundausstattung eines Krankenhauszimmers: Bett, Schränkchen, vis-à-vis der Gekreuzigte mit Mattscheibe.

*

Ein Skandal, wie die Empörungsbereitschaft schwindet!

*

Betriebsfestausblick, glasklar: Lauter linientreue Tropfen, die sich einer nach dem anderen aus gehobenen Positionen herablassen, bis sie schließlich ganz aus dem Rahmen fallen.

*

Alle brüllen sie „Hiergeblieben!", nur die Kunst lispelt „Komm mit!"

*

Die nächsten drei Jahre könnten sie nur ‚durchgeschriebene' Prosa veröffentlichen, teilt mir der Lektor mit und schickt die Aphorismen nach Hause. Der Verlag ist Selbststempler. ‚Lichtenberg bei Hanser' prangt neben dem Porto.

*

Der Glaube an die Veränderbarkeit der Welt: nach wie vor auf dem Papier, durch das Papier und jedesmal wieder abgeschrieben.

*

Berufsethos: In Ermangelung des neuen Präsidenten lichten sie seine Katze ab und photographieren sich zwecks Verdoppelung der Informationsdichte beim Photographieren.

*

Sie haben ein großes Herz, versicherte ihm der Arzt. Er hätte aber ein weites gebraucht.

*

Die Telekommunikation bringt es an den Tag. Die Neue Welt holt ihre Verspätung nicht auf. Wenn wir Feierabend machen wollen, faxen sie immer noch in der Frühstückspause.

*

Man müßte weite Landstriche verwildern lassen und selbst die Naturschützer davon fernhalten. In der Frühphase könnte man durch festinstallierte automatische Kameras Bilder von diesem fremden Planeten übertragen lassen. Nach ihrem Ausfall würde ich nur noch Satellitenaufnahmen gestatten oder den spärlichen Einsatz von eingemotteten Mond- oder Marsvehikeln.

*

Zum Wohle der Menschheit, das sie stets im Munde geführt hat, müßte sich die Wissenschaft selbst abschaffen. Nur ist sie beim Ungeschehenmachen – ‚disinvention' sagt der Experte – immer ein blutiger Laie geblieben.

*

Engelsgeduld – Wieso nichts zu wollen? An allen Ecken und Enden stößt man auf ihre Spuren. Ganz unvermeidlich. Man braucht ihnen nur nachzugehen. Wie leicht das fällt. Wie genau die eigenen Füße in die Abdrücke passen. Sobald man den Grund spürt, ist man am Ziel.

*

Nach all der postmodernen Programmusik könnte die Kunst allmählich wieder liederlich werden.

*

Die Medien müssen immer mehr anstellen, damit man sie anstellt.

*

Sind wir denn noch bei Trost? Die Suche nach außerirdischen Intelligenzen ist sofort abzubrechen. Man stelle sich vor, Mitte des 15. Jahrhunderts wären Rothäute in ihren Kanus vor den Küsten Europas aufgekreuzt, umgetrieben von der Sehnsucht nach außeramerikanischen Vernunftwesen. Solche Indianer, die dem Fluch der Konquistadoren aus Leibeskräften hinterherpaddelten, hat es damals nicht gegeben, wohl aber heute.

*

Das habe ich entdeckt, posaunt die Neuzeit heraus. Und ist am Ende hoffnungslos überfordert, wenn es darauf ankommt, sich etwas einfallen zu lassen.

*

Ja, wenn sie aus der Genetik eine Genethik herausmanipulieren könnten und wenn diejenigen, die jetzt die Kultivierung des Privaten predigen, wenigstens mit der des Primaten zu Rande gekommen wären...

*

Einladend so eine Bank im Vorfrühling. Ich nehme an, setze mich. Als ich das eingeschnitzte ‚Verschönerungsverein' zwischen den Rippen spüre, wird mir ganz standorttreu ums Herz.

*

Dandy bis zum Abtritt. Die Wand, an die sie ihn stellten, war gekachelt.

*

Wir sind weltoffener, als die meisten zugeben möchten. Schließlich gehört auch der Darm zur Körperoberfläche.

*

Das Schöne ist von Dauer. Offenbar. Wie aber erklärt sich die lächerliche Halbwertzeit des Häßlichen? Vor, sagen wir, achtzehnhundert ist nichts erhalten, obwohl es doch existiert haben muß, wie die ewigen Klagen über den Verfall der Sitten und des guten Geschmacks beweisen. Aber irgendwie hält es nicht stand, kann sich nicht behaupten, verfliegt. Überlieferung sei eben selektiv, höre ich einwenden, filtere aus, so daß im Endeffekt nur das kulturell Wertvolle übrigbleibe. Aber das ist keine Erklärung, sondern eine Verklärung der nachgeborenen Generationen, die sich damit einen stetig wachsenden Kunstsinn unterstellen, der gegen die Verirrungen der Altvorderen gefeit ist – und nur fassungslos zusehen kann, wenn Archäologen eine Latrine aufgraben und auch an diesem Ort der Ausscheidungen keine einzige Scherbe mehr finden, die nicht in die Vitrine gehörte.

*

Selbst Naturschützer übertragen die Seuche und verbreiten Nistkästen aus Beton zwecks Seuchenabwehr.

*

Wer mit der Zeit geht, verläßt das Standesamt heutzutage als Binde-Stricher.

*

Ein Frühlingsanfang aus dem Bilderbuch. Unter meiner Balkonloge schlurft der Nachbar vorbei. Dezembrist, wie immer.

*

Wie hat es zugehen können, daß ein werther Debütant sich in den Geheimen Studienrat Goethe verwandelte?

*

Nur das Flüchtige – von der Talkshow über den Lesungsmitschnitt bis zum Hör- oder Fernsehspiel – wird gut bezahlt, vielleicht gerade weil es nicht unausweichlich sein will. Permanenz dagegen mutet sich anderen zu und setzt Opferbereitschaft und Verschulden voraus.

*

Nicht daß ich meinen philologischen Kollegen das literarische Organ absprechen möchte. Da sei die Fußnote vor. Nur entwickelt es sich bei ihnen zwangsläufig organisatorisch, während ich Organist bleiben will.

*

Es ist Advent und der ganze Himmel wolkenlose Erwartung. Leicht beschwöre ich sie herauf, die Schwarzflieger zwischen den Kontinenten, die einzig wahren Autopiloten des Luftverkehrs. Da, ein Kolibrischwirren aus den Schultergelenken, und schon sind sie mir aus dem Sinn und fahren draußen über die Dachstübchen, gedankenflink.

*

Curtius-Preis für Essayistik? Hat er verdient, denn keiner pflegt sie mehr, die Prosa mit dem grünen Punkt.

*

Was ist das Schönste an Europa? Daß es so lange dämmert.

*

Das A und O: dem Medienevangelium des sich überall Einschaltens und Einblendens, dem Urbi et Orbi der nachrichtendienstlich getarnten Sensationsgier, dem erdoberflächlichen Sendungsbewußtsein beherzt widerstehen. Laßt die televisionären Menschheitsbeglücker auf den Krisenherden ihr Süppchen kochen. Wir speisen im Séparée. Und wenn wir dieses gepflegte Interieur, seine eigensinnige Opulenz und Beschaulichkeit einmal mit dem öffentlichen Raum vertauschen wollen, dann begeben wir uns erhobenen Hauptes auf den Balkon und nicht auf den Balkan.

*

Sie steckten die Köpfe zusammen und widmeten sich dann so rührig dem Kompott, als ob darin ein ‚l' verlorengegangen sei.

*

Jeder Geköpfte macht die Messer stumpfer, sagte der Grashalm und wuchs nach.

*

Die römischen Amphitheater mögen bessere Schlachthöfe gewesen sein. Aber immerhin besaßen ihre Betreiber den sprachlichen Anstand, die Ein- und Auslässe nicht als ‚Personenschleusen' zu bezeichnen. Bei ihnen entleerte sich die Vergnügungsstätte durch Vomitorien.

*

Die Elektronik hat dem Gutenberg-Zeitalter den Garaus gemacht? Wer's nicht glauben will, steuere in seiner Buchhandlung die Abteilung mit den dicksten Wälzern an und lasse sich von den Computerhandbüchern eines Besseren belehren.

*

Dieser Frühling war ein halber Sommer und hatte etwas von einem Routinier der Tourismusbranche, der auf der Suche nach dem eigenen Urlaubsziel ohne hinzusehen in den Katalogen blättert.

*

Der Chaosforschung erscheint der Baum als „ein verlangsamter Blitz" (Friedrich Cramer). Also war es Brudermord, was sich im letzten Gewitter abspielte.

*

Falls ich eines Tages der Versuchung ausgesetzt sein sollte, Früheres nachzubessern, werde ich mich hoffentlich nicht überarbeiten.

*

Er war einer von den Resonanzmenschen, die alles im Brustton der Überzeugung wiedergeben, was man in sie hineinruft.

*

Die Ächtzeit-Medien.

*

Geistiger Diebstahl bleibt unfein, aber gegen eine gepflegte Ideenhehlerei wäre postmodern nichts einzuwenden.

*

Es gilt, eine Verwechselung richtigzustellen: Kunst ist nicht unverschämt, sie ist schamlos.

II.
Madison, Wisconsin, 1993

Kein böses Wort mehr über ein Land, in dem es den Toiletten bis zum Hals steht.

*

Manche Begriffe sind schon über alle Berge. Und es hilft wenig, dem Reisefieber nachzutragen, daß es ausgewandert ist und nicht länger die Reaktion des menschlichen Immunsystems auf übereilte Ortsveränderungen beschreibt.

*

Wenn es nach dem aphoristischen Verwertungsinteresse ginge, müßten hier die Amerikaner ‚Bismarcks' heißen und nicht die Berliner.

*

Das Paradies der Leseratten. Die Luftfeuchtigkeit war so hoch, daß sich die Bücher von selbst aufblätterten.

*

Ein Gesicht von herber, nein, von grober Schönheit. Es macht Spaß, sich einen kunstsinnigen Engel dazuzudenken, der Gott im letzten Moment das Werkzeug für die Feinarbeit aus der Hand geschlagen hat.

*

Er hielt alles für vermessen. Und ich war lange im Zweifel, ob ich nun einen Theologen oder einen Naturwissenschaftler vor mir hatte.

*

Kunst ist eine Mangelerscheinung. Aber warum muß das den Geldgebern so sattsam bekannt sein?

*

Wie vernünftig, mit zunehmendem Alter immer engstirniger zu werden, führt der Weg in den Himmel doch bekanntlich durch ein Nadelöhr.

*

Ein gutes Leben ist ein Trauerspiel, ein schlechtes ein Trauerfall.

*

Mag ja sein, daß einem die Augen übergehen in einem fernen exotischen Milieu. Aber der Geist schließt sich ab. Borniert bis Borneo.

*

Über den Schreibtisch geht eine Ameisenstraße. Der am Wege sitzt, verbindet sie mit einem wohlbekannten Ameisenhaufen, der jetzt sieben Stunden in der Zukunft liegt.

*

Es gibt die Ruhe vor dem Sturm; es gibt die andächtige Stille danach, bevor die Schadenfreude auch damit aufräumt.

*

Die Reaktionsschnellen geben den Ton an – in der Wirtschaft, der Politik, der Kultur. Sie sind beweglich, aber keine Beweger, werden deshalb irgendwann von noch Agileren verdrängt und verschwinden spurlos. Die Verzögerten dagegen, die beim Novitäten-Roulette ständig ins Hintertreffen geraten oder ganz chancenlos bleiben, haben das große Ausweglos gezogen. Weil sie mit der Unmöglichkeit leben, können sie schöpferisch arbeiten. Ihre Langsamkeit wird bedächtig, aus dem Nachlassen entsteht ein Nachlaß. Unfähig mitzuhalten, setzt ihr nachtragendes Naturell Erinnerliches frei.

*

Aktuell ist ein Synonym für kunstlos oder gekünstelt. Die Literatur braucht Jahre und Jahrzehnte, um die lebensgeschichtliche Bedeutung eines Geschehens zur Sprache zu bringen oder sogenannte historische Ereignisse zu beglaubigen. Und den Rand ihrer Goldgräberschüssel ziert die Inschrift: Nur die Fliehkraft findet.

*

Wer dort nachgräbt, wo es um Grundanständiges geht, stößt irgendwann auf den ersten Stein.

*

Das historische Museum in Moskau birgt ein byzantinisches Manuskript aus dem Jahre 900 A.D. Dieser Chludow-Psalter wiederum birgt eine Zeichnung, deren Urheber es vielleicht an Kunstfertigkeit, nicht aber an Kunstsinn mangelte. Sie stellt einen Bilderstürmer dar, der eine Ikone übertüncht, und ist ihrerseits in Form einer Ikone gehalten. Dieses unscheinbare und verblaßte Bildchen nenne ich ohne Scheu triumphal, eine ungeheuerliche Epiphanie, vor der die ästhetische Kleingläubigkeit in die Knie sinken sollte wie vor den Höhlenmalereien von Lascaux.

*

Wir sind ein Satz, aber es drängt uns, Reden zu halten.

*

Wer zusieht, wie die Amerikaner Wohnhäuser bauen, hegt keinen Zweifel mehr, daß sie diesen Erdteil nicht mehr lange zu bevölkern gedenken.

*

Gesetzt den Fall, uns gegenüber und von der Sonne für immer verdeckt kreiste eine Gegenerde. Lebten wir dann ihrer

Zwillingsgeschichte ein halbes Jahr voraus, oder wären wir noch einmal der Planet der Affen?

*

Telefonsex hat einem lange totgeschwiegenen Organ zum glorreichen Comeback verholfen: der Stimmritze.

*

In der Philosophiegeschichte fehlen die Ortstermine. Dabei ist noch das luftigste Denkgebäude bodenständig und bis in seine Inneneinrichtung hinein dem Genius loci verpflichtet. Die Stoa beispielsweise war, so lese ich bei Hobbes, ein überdachter Landungssteg, die Warenader zwischen Stadt und Meer. Und wo sonst als in diesem unentwegten Schleppen, Schleifen, Rollen, Keuchen, Fluchen, Stolpern und Gerempel konnte man die Unbewegtheit feiern lernen?

*

Wenn ich abends den Flaschenhals an den Hals setze und mich durch die Bierklamm in meine eigene Unterwelt spüle, wenn ich ohne Zeugen tief in der Schädelhöhle von Ungeheuerlichkeit zu Ungeheuerlichkeit treibe, so daß ich mir beim Absetzen verstohlen den Schaum vom Mund wischen muß, dann, meiner Seel, erklärt es sich von selbst, warum ich kunstabhängig geworden bin.

*

Unsere Visualität ist eine der Sucher. Deshalb gestattet sie keine Beschaulichkeit mehr.

*

Landauf, landab spielen die Amerikaner ihre Nationalhymne vom Rasenmäher. Und wer die Fahnen vorurteilsfrei betrachtet, entdeckt ganz folgerichtig Schnittbahnen und stilisierte Zündfunken.

*

Return to sender? Diesem Mobilitätsapostel muß schon wieder ein Ortswechsel geplatzt sein.

*

In jenen umsichtigen Zeiten, als die Rückseiten der Kalenderblätter noch eng bedruckt waren...

*

So ein als Waschmaschine getarnter Shredder.

*

Weshalb sollte es meinen Aussichten abträglich sein, wenn ich mich als 16°-Denker zu erkennen gebe?

*

Die Redewendung, daß es einem die Sprache verschlägt, dreht dem Schweigen den Hals um.

*

Keine Frage, der Mangel an historischer Tiefenschärfe zwingt den Mittleren Westen ins Vordergründige. Die abendländische Abhängigkeit vom Hintersinn reagiert darauf mit Schwindelgefühlen. Das Überdimensionale ist ihm gleichzeitig unterdimensioniert: ein Zivilisationsfilm über Bodenwellen.

*

Im Museum of American Art stoße ich auf das Gegenstück zu Caspar David Friedrichs „Gescheiterter ‚Hoffnung'". Wieder ein arktisches Tableau, menschenfeindlich und grandios. Erstarrtes Meer, ein noch eisigeres Vorgebirge, in dessen Doppelkliff der Betrachter ein wulstlippiges Götzengesicht und einen Neandertalschädel hineinsehen muß, um es überhaupt auszuhalten in dieser abweisenden Öde, über der höhnisch das Nordlicht flackert. Schon will der Blick irgendwo festfrieren, sich verlieren, da gewahrt man unten im Eis das spielzeugkleine eingeschlossene Schiff und in der Winzigkeit des anderen sein noch unendlich nichtigeres schlagendes Herz: einen stecknadelgroßen, gelb pulsierenden warmen Schein. Aus einem Kajütenfenster fällt der Lichtblick das Lebens, leuchtet das Aufbegehren gegen die Trostlosigkeit ringsum. Hätte Frederic Edwin Church seine Hand in diesem Moment sujetgerecht zur Regungslosigkeit verurteilt, die Motorik erstarren lassen, besäßen wir ein Gegenbild zu Friedrichs Gemälde, das dieser Ikone der Aufgabe und des Wiedereingehens in das Übermächtige ebenbürtig gewesen wäre. Aber der unselige Church tupft unverdrossen noch ein paar schwarze Punkte auf. Sobald der Betrachter sie zu einem Schlittengespann aneinandergeleint hat, das auf das Schiff zusteuert, ist alles verloren, der Zauber dahin, die feine Balance des Ungleichgewichtigen für immer aus dem Lot und aus dem verwegenen Überbietungsversuch der „Gescheiterten ‚Hoffnung'" selbst eine geworden.

*

Republikflüchtig – eine Begriffsprägung flüchtiger Republiken.

*

Aufsteiger unter der Glaskuppel, flatterhaft höherstrebend, höherkriechend, kopfüber im Zenit erstarrt. Wer sich noch im Vollbesitz der Kräfte fallenließe und bodennah das Weite suchte, fände sich unter freiem Himmel wieder.

*

Es wird Zeit für die Rückreise. Auf den Schildern am Standstreifen lese ich schon: Emergency Shopping only.

III.
LAHN-SÜMPFE 1993/94

Heute nacht beugte sich der Nachruhm über mein Bett, ein schwarzer, aufgeschossener und ausgezehrter Geselle, dem nichts anderes einfällt, als seinen Opfern zu dräuen. Ich habe mir das nicht lange bieten lassen und bin ihm entschlafen.

*

An der Raststätte ‚Zur schönen Sünderin' dröhnen die Laster vorbei, ohne herunterzuschalten.

*

Verlegen. Eintätowiert um den Nabel der Literatur.

*

Stellt sich das Gefühl, richtig gehandelt und gelebt zu haben, bei zunehmendem Alter nur bei denen ein, die richtig gehandelt und gelebt haben, oder ist es eine Gratifikation ohne Ansehen der Person, eine biologische Gratisleistung des aus dem Vitalitätsfeld möglicher Neuanfänge herausdriftenden Organismus?

*

Der Reisebericht schwärmt von einer „weichen, hingelotterten Landschaft". Da macht man doch gleich Kurzurlaub in dieser Formulierung.

*

Bevor sie versinken, können sich Schiffe so weit aufbäumen, daß ihre Rümpfe senkrecht stehen. Wenn man diese erstaunliche Abschiedsvorstellung gleich mit einer ganzen Flotte durchexerziert und den Vorgang in extremem Zeitlupentempo ablaufen läßt, dürfte man auf die geheime architektonische Vision gestoßen sein, der sich unsere Trabantenstädte verdanken.

*

„Ich habe das in einem Zug gelesen“ – diesmal kein Kompliment, sondern das Eingeständnis fahriger Lektüre.

*

Der Poststrukturalismus stellt sich selbst ein Armutszeugnis aus, denn wer von all den Dezentrierern hätte es je zum Exzentriker gebracht?

*

Was ist schöpferisch? Der Wille zur Willenlosigkeit. Der Wille, der sich immerhin noch zwei Zeilen aus Luthers „Ein feste Burg“ vorsummen kann: „Mit unserer Macht ist nichts getan. Wir sind gar bald verloren.“

*

Man wird heimisch, sobald man die ersten Dinge – einen Laden, ein Haus, eine Straßenführung – verschwinden sieht und uns die Erinnerung ihre Aufenthaltserlaubnis ausstellt.

*

Wie wir nur den Musiker einen Virtuosen nennen, der unseren Gesichtssinn überspielen und uns dazu bewegen kann, die Augen zu schließen, so bringen wir anderen Künsten andere Sinne zum Opfer: Der gefangene Leser zum Beispiel ertaubt.

*

Da dozierte dieser um zwei Jahrhunderte verspätete eifernde Aufklärer, der sein Leben darangesetzt hatte, die Religionen und Ideologien aus niederen Beweggründen hervorgehen zu lassen, und glich hinter seinem Katheder niemandem mehr als einem predigenden Mönchlein. Der Glaube, gegen den er vom Leder zog, stand ihm im Gesicht geschrieben. Und einer seiner Zuhörer sah das Spiegelbild und demütigte sich.

*

Jeder Anführer hat die Unverfrorenheit, sich schon mit diesem Wort zu erkennen zu geben; doch keiner der Angeführten will seine erste Silbe mitbekommen haben.

*

Es gibt lebbare, es gibt nicht-lebbare Wahrheiten, stellt Rüdiger Safranski irgendwo fest. Und eben deshalb müssen die nicht-lebbaren wenigstens ausgesprochen und aufgeschrieben werden.

*

Das Untier rechnet mit allem ab, nur nicht mit mir. Darin erkenne ich keine Enteignung durch das Lizenzrecht, sondern einen erneuten Beweis seiner Anhänglichkeit.

*

Überarbeitet wie er war, hatte er schon Tage nicht mehr aus dem Fenster geschaut. Als er es endlich nachholte, zeigte sich der Himmel im Blaumann.

*

Ewig werden ihr die besten Absichten unterstellt. Dabei kommt die Kunst aus dem Unwillen.

*

Da Latrinen zu den ergiebigsten Fundorten der Archäologie zählen und ich kürzlich einer Fachzeitschrift entnehmen konnte, daß eine besonders luxuriöse Ausführung – mit nahezu vierzig Meter langem Sitzbalken – zum „Kernstück" des römischen Stadtmuseums in Rottenburg avanciert ist, sollten wir unseren Deponien und Müllhalden mit etwas mehr vorauseilendem Wohlwollen begegnen, verdanken wir es doch vorwiegend ihnen, wenn auch unsere Kindeskinder das Nachsehen haben dürfen.

*

Es wuchs sich einfach aus, in den frühen Achtzigern. Seither trage ich die Barttracht des Dreißigjährigen Krieges. Sie zeigt, wie lange der Waffengang dauert und was dabei herauskommen wird: innere Verheerung und ein ausgebluteter Frieden.

*

Traumhaft. Dann auf Bewährung entlassen.

*

Und der dritte Wunsch? Eine dieser winzigen Erhebungen sein dürfen auf der Gänsehaut Gottes.

*

Was ist Dramatik? Das fortwährende Aufflackern der Inszenierungen. Die einzig wahre Shakespeare-Verfilmung bestünde demnach aus einem Streifen, zu dem jede Theaterproduktion genau ein Bild – ihre Einbildung des Stückes – beigesteuert hätte. Und wer wäre der einzig wahre Zuschauer?

*

Man muß das meiste nach- und ausklingen lassen: eine Erkältung, Besuch, die von Erfolg gekrönten Vollbremsungen.

*

Von Zeit zu Zeit konnte man auch in seiner Rederei einem Stapellauf beiwohnen.

*

Die Pflanzen sind uns über. Durch ihren Humus graben wir uns in die Tiefen der Menschheitsgeschichte, und in ihrem herbstlichen Blättergestöber ist schon mancher Stammbaum verschwunden.

*

Die Kunst im Zeitalter der technischen Reproduzierbarkeit sieht sich aus einer weiteren Freistatt vertrieben: der Feste ihrer Flüchtigkeit. Schlechte Inszenierungen waren morgen vergessen. Schlechte Filme bleiben. Die Produktion noch keines Jahrhunderts verstopft heute leicht zwanzig, dreißig Fernsehkanäle. Und die Wiedergänger, die nicht mehr sterben dürfen, werfen uns ihre Endlosschleife über den Kopf, damit diejenigen, die es nach einem höheren Niveau verlangt, ihre Stimme nicht umsonst erheben.

*

Wenn ein mittelalterlicher Vorfahre nachts in unseren Städten, auf unseren Autobahnen, am Fenster eines startenden oder landenden Jets die Augen aufschlüge, sähe er – das Fegefeuer. Im Besitz einer höllischen Offenbarung kehrte er zurück, Gott auf Knien dafür dankend, daß er nicht bleiben mußte. Es ist verführerisch, sich beispielsweise Dante oder Brueghel als solche Zeitreisenden und Augenblickshospitanten vorzustellen, die nicht wissen, wie ihnen geschieht, und deren religiöse Wahrnehmungsmuster das späte 20. Jahrhundert zugleich infernalisch verzerren und durchschauen.

*

Eins kann ich nicht leiden: wenn im Papierkorb Ordnung herrscht.

*

Wo ein bißchen Intimität gestattet ist und man das Ohr an die richtige Stelle legen darf, hört man Welle um Welle vorbeifluten und sich über den Rippenriffeln verströmen. Das Leben stammt aus dem Meer? Aus ozeanischem Blickwinkel wäre das ein vermessener Satz. Das Meer ist das Leben, eine gewaltige Amöbe, die die Kontinente umfließt und endlos pulsierend Stück für Stück absorbiert. Nur mit Rücksicht auf die Ungeduld der Einöden im Landesinnern läuft es sich zwischenzeitlich voraus und hat sich Wurzeln und Beine gemacht. Wir sind Vorboten. Tropfen auf den heißen Stein. Das lauschen wir einander ab, wo ein bißchen Intimität gestattet ist.

*

Schlagzeile weiter hinten: Neuer Korruptionssumpf in Brasilien entdeckt. Mäßig erregt sucht der Leser nach der zugehörigen Luftaufnahme.

*

Jeder sollte die Patenschaft für ein Wort übernehmen können und Schaden von ihm wenden, solange es sein Zungenschlag erlaubt.

*

Ein Balladenabend. Lauter Untergänge. Lautere Untergänge. Die Bühne – ein Schafott. Wie stolz, wie entfesselt die Todgeweihte spricht.

*

Weihnachtsfest, das sind die wenigsten.

*

Sie trägt sich angenehm; nur steht das „ausgearbeitete Suspensorium mit Eingriff“ in keinem Verhältnis zur sprachlichen Erektion.

*

Zügig erblassen. Das ist die Hauptsache. Wo genau der Atem stockt, kümmert nur die Hinterbliebenen.

*

Hochwasser. Über den Brückenpfeilern steht der Maschinentelegraph auf ‚Volle Kraft voraus’.

*

Eine unzeitgemäße Erscheinung, mit der ich kurzen Prozeß mache. Die Zipfelmütze zum Kopf gedreht, den Flitter abgepult. Schon steht dieser Weihnachtsmann nackt da. Und noch anachronistischer: als urzeitlicher Torso, Schoko-Venus von Willendorf, tierischer Hermaphrodit auf dem Sprung zum Osterhasen. Ruckzuck vertilge ich ihn vom Erdboden, den industriellen Wechselbalg.

*

Das Mittelalter verhält sich zur Neuzeit wie ein Zugvogel. Regelmäßig kommt es zurück, singt und nistet. Gern auch unter meinem Schädeldach. Nur daß sie zu Lebzeiten Schwalben gefressen haben, das widert mich an bei der Brut.

*

Verschnupfte Erkenntnis: Dem wahren Optimum mangelt es am Optimalen. Was ist die Gesundheit gegen das Gesunden?

*

Wie man's auch dreht und wendet, gar nicht faul verzehren sich die Äpfel im Keller.

*

Zum Gotterbarmen, wie sie sich zu Tode zappeln im Schleppnetz ihrer Arterien.

*

Die Lebensaufgabe. Wer nicht aufschreckt bei soviel sprachlicher Wahrhaftigkeit, der hat sie noch gar nicht in Angriff genommen.

*

Die Leichen sind schon im Bilde. Als Vorhut des nächsten Waffengangs haben sie die Titelseiten erreicht.

*

Nur das Beiläufige hält Schritt.

*

Die Nation liebäugelt mit dem Ernstfall: ein spröder Flirt am Golf, Petting in Somalia, die unverhüllte Scham von Sarajevo. Wie lange kann sie noch an sich halten bei soviel Fleischeslust, die friedenstaube Heldenbrust?

*

Die Rede ist vom Kirchenschiff. Wer Augen hat zu sehen, muß doch bemerkt haben, daß es immer schon kieloben schwamm.

*

Kleiner Waldlauftrost: Zuerst erstarrt die Schreibhand und will absterben; auf halber Strecke kehrt das Leben zurück; am Ziel begrapscht sie rosig den Schnee von gestern.

*

Noch mehr Gemeinsinn?

*

Kant ist ein namhafter Fall verhinderter Weltläufigkeit. Sobald es ihn in die Lingua franca des Englischen verschlägt, wird er entweder zum Inbegriff der Salbaderei oder hinterfotzig direkt.

*

Fünf Menschheitsentrücker fallen mir ein: Liebe, Rausch, Religion, Gewalt und Kunst. Möglicherweise definieren sich Kulturen durch die Abstufung und Rangordnung dieser Jenseitsbringer, durch den Versuch, einzelnen Transzendentalien das Monopol zuzusprechen oder ein, zwei, drei Konkurrenten zu verbieten. Langfristig aber sind solche Bevorzugungen oder Herabwürdigungen zur Unwirksamkeit verurteilt. Zu intim sind die Beziehungen, zu prästabiliert ist die Harmonie des Ensembles. Eine Religion ohne Rausch beispielsweise erscheint uns längst wieder als blutleere aufklärerische Fiktion, gewaltfreie Kunst als Beschönigung eines weiteren pädagogischen Ohnmachtsanfalls. Im Grunde nämlich partizipiert jede metaphysische Erfahrungsform an allen anderen und spiegelt sie zurück. Und vielleicht ist das überhaupt der ganze Trick, weshalb wir unserer selbst in Liebe, Rausch, Religion, Gewalt und Kunst so befremdlich, so hinterrücks ansichtig werden.

*

All ihre Symposien und Arbeitsessen konnten ihm gestohlen bleiben; schließlich hatte er jenem exklusiven Zusammentreffen beigewohnt, das gemeinhin und mit verhohlenem Neid als Keins Mahl bezeichnet wird.

*

Gesetzt den Fall, daß umseitig ein Doppelgänger gegenzeichnet. Aufs Komma genau. In Spiegelschrift. Eben jetzt und immer schon. Er hat genausowenig Zweifel an seiner Originalität wie der Vordermann, und beide erleben den anderen als Verkehrer ihrer selbst. Wenn man sie zusammenkommen läßt, schlagen sie sich die Köpfe ein über der seltenen Eintracht ihrer Hervorbringungen. So wird aus leidvoller Erfahrung der Brauch entstanden sein, beim Schreiben überall da Rand zu lassen, wo ein Aufeinandertreffen möglich wäre, und so einen Cordon sanitaire ums Eigenartige zu legen.

*

In diesem Jahrhundert hat mancher Künstler eine wilde Ehe mit der Ungeduld geführt und jeden Anfall von Atemnot als Beweis dafür genommen, daß ein Akt der Urzeugung vorangegangen sein müsse. Dabei steckte die Schlampe mit dem halben Kunstverein unter einer Decke und war deshalb nirgendwo bei der Sache. Machte auch nichts, denn sie hatte sich auf Traditionsallergiker spezialisiert und wirbelte schon im Vorspiel soviel Staub auf, daß ihre Liebhaber im Handumdrehen von den beschriebenen bewußtseinstrübenden Bronchialorgasmen heimgesucht wurden, bei denen sie lauthals herausbelferten, wie triebsam und istisch sie sich wieder verausgabt hatten.

*

Mit sich und der Welt lebte er im Schreibtischfrieden, nachdem ihm die Muse einen Papierkorb gegeben hatte.

*

Kunst entsteht in der Interferenzzone zwischen handwerklichem Können und genialem Ausdrucksimpuls. Trifft der nicht auf ‚Sprechwerkzeuge', ein Instrumentarium möglicher Ausdrucksweisen, das beherrscht wird, verrauscht auch die grandioseste Intuition und verliert sich selbst im Unartikulierten. Fehlt der Enthusiasmus dagegen und setzt sich das Angelernte noch über die Vorspiegelung von Inspiration absolut, tritt die Marionettenhaftigkeit und Sterilität des Geschäftigen ein. Jede Generation sucht den Kernbezirk und schießt zugunsten übertrainierten Geschicks oder unsolider Verausgabung übers Ziel hinaus. Wie anders aber ließe sich das Ästhetische so auspendeln, daß – Foucault ist mein Zeuge – allein sein unbeirrbarer Schwung dem irdischen Drehwurm entkommt.

*

Die Trostlosigkeit der ganzen Unternehmung bringt uns um? Im Einzelfall sicher. Aber wenn die Evolutionstheorie recht hat, stammen wir alle miteinander von Fischen ab, die aufs Trockene geraten sind.

*

Dahinten, im toten Winkel, hocken sie schon wieder zusammen, der Überzeugungskünstler und sein Parteiprogramm. Daß die Öffentlichkeit einer solchen Mesalliance das Interesse entgegenbringt, dessen auch der ins Showbiz einheiratende Hochadel sicher sein kann, ist verständlich. Warum sie aber dem politisierenden Literaten – von wahlkämpfenden Bildhauern und Komponisten hat man seltener gehört – mit besonderen und möglicherweise hochgespannten Erwartungen begegnet, verlangt nach Erklärungen. Zwei drängen sich auf: die alte mythische Aura des Dichters als ‚vates', als Seher und Wahrnehmer, welche die Massenmedien in einer Anwandlung von Jovialität ab und an aufpolieren. Und die direkte Lesererfahrung mit fiktiven Welten, die ihre Urheber schon bei Erscheinen in eine befriedigende und doch spannungsreiche Ordnung gebracht haben. Wer einen Mikrokosmos so unter Kontrolle hat, der wird bei den Makrointrigen des gesellschaftlichen Lebens bestimmt auch keine schlechte Figur machen, unterstellt man. Also Simulanten an die Macht, denn die Politiker verbessern die Welt doch auch nur auf dem Papier. Solche Schlußfolgerungen haben zwar einen gewissen despektierlichen Appeal, halten aber einer genaueren Überprüfung nicht stand. In der Literaturgeschichte jedenfalls sind die Realitätsuntüchtigen deutlich überrepräsentiert, und die Sonnenkönige der Poesie scheitern oft schon beim Transfer ihrer Souveränität ins eigene Dasein. Warum sich also doppelt übernehmen, sagt der Schmollwinkeladvokat zu sich selbst, kippt noch einen hinter die Binde und zoomt sich das Pärchen gegenüber durch das Glasbodenobjektiv ein Stückchen näher heran.

*

Immer wenn die Abfischer der Elektronikindustrie ein weiteres Netz auswerfen oder als neue Heilande virtuell wandeln über dem Datenpool, bei jedem heraufziehenden Wunder also kommt mir auf dem Display dieses bejahrte Edison-Zitat dazwischen: „I intend to do away with books in the school ... When we get the moving-pictures in the school, the child will be so interested that he will hurry to get there before the bell rings, because it's the natural way to teach, through the eye."

IV.
GRAN CANARIA 1994

Zwischen der Anlage und dem felsenfesten Hintersinn der Berge unser Spiegelbild: zwei Palmen als Spatzenparadies, künstlich bewässert, wo sie ohne Unterlaß einschweben oder abreisen, die Allerweltsgeschöpfe.

*

Früher wurde man am Strand zum Voyeur, heute bildet dort selbst der blasseste Charakter das Appetenzverhalten eines Frauenarztes aus, noch bevor die Milch eingetrocknet ist auf den Brüsten der Nächstliegenden.

*

Ingenio – schon der Ortsname läßt hoffen. Und richtig, in der Kapelle, die direkt an die Verkaufsräume der von asiatischen Importen bedrängten kanarischen Stickereischule angrenzt, ist ein wahrer Geniestreich zu besichtigen. Es handelt sich dabei allerdings um Stofflichkeiten ganz anderer Art, nämlich um eine Holzskulptur des Gekreuzigten aus dem 16. Jahrhundert, gefertigt von einem Ureinwohner des von Spaniern überrannten amerikanischen Eldorado. Der Christus ist von gänzlich europäischem Äußeren und doch voll heimlicher Andersartigkeit: ohne Dornenkrone, mit der Stichwunde in der rechten Seite und falsch übereinandergenagelten Füßen. Durch diese ebenso subtile wie durchgängige Verkehrung des Hoch-und-Heiligsten seiner Unterjocher hat sich ein Zwangsbekehrter über Jahrhunderte die Gutgläubigkeit zunutze gemacht, um seine Unheilsbotschaft denen zu übermitteln, die Augen hatten zu sehen. Das Blut perlt über die Stirn, als säßen die Dornen noch im Fleische des Erlösers. Daß sie für den Schnitzer aus Inka-Gold bestanden, sagt uns sein fremder Gott ins Gesicht.

*

In der Budengasse von Playa del Inglés sitzt ein Papagei auf seiner Stange. Manchmal stellt die Brise ihm ein, zwei Federn auf. Dann legt sie sie wieder an. Beiläufiger und verächtlicher kann sich die unberührte Natur in diesem Urlaubsparadies nicht zum Ausdruck bringen.

*

Kleinlaut nimmt der Kritiker am Pool die erste Ölung. Schließlich gibt es gegen den Massentourismus keine Argumente mit dem Sonnenschutzfaktor 20.

*

Da kämpfen sie sich in ihren Leihwagen die Serpentinen herab und verwandeln sich mit dem nötigen Abstand in über dem Horizont aufblitzende Riesensterne, die im Norden untergehen.

V.
LAHN-SÜMPFE 1994/95

Frühlingserwachen: Ganz offen blinzelt der Teich jetzt jedem Wasserläufer hinterher.

*

Die Innenansicht der Wahrnehmung heißt – Depression. Und deshalb nennt der Volksmund all die ‚beschlagen', die klug genug sind, sich nicht einzusehen.

*

Weil wir nicht zusammenpassen, helfe ich ihm wieder in seinen Schutzumschlag, rede ihm gut zu und wildere das Buch dann aus auf einer Heizungsabdeckung meiner Wissenschaftskaserne.

*

Nachdem der Motorsegler das Weite gesucht hat, kreuzen sie diesmal gleich als Handvoll vor dekorativer Gewitterfront auf. Premiere „Rondo Rondone". Dem Claqueur da unten zuckt es bis in die Schultergelenke. Das Gewitter löst sich auf in Wohlgefallen. Sie bleiben.

*

Das Gremium gefällt sich wieder einmal in jener äußersten Kleinkariertheit, die nur Akademiker und Intellektuelle in die Welt zu setzen verstehen. Entgeistert schlage ich die Augen nieder – und siehe, wieviel Trost, wieviel Largesse findet sich im Design meiner Manschette.

*

Künstlerisch bin ich Kleingeist. Aber den ganzen Theoriehimmel tauschte ich nicht für dieses Zipfelchen Offenbarung.

*

Zu langer Aufenthalt in Friedensoasen macht uns verläßlich zu Wüstlingen.

*

‚Hier ist heute morgen die Welt vollkommen.' Saloppe Schönheit, spätes 20. Jahrhundert. Von Mauerseglern signiert. Ausgezeichnet wie besehen. Wer bietet mehr?

*

Es gibt nichts, das nicht verwundert zurückzwinkerte, wenn man es mit großen Augen ansieht.

*

Eine Gesellschaft der Light-Hammel.

*

In meinem Alter muß man schon direkter werden. Also schicke ich mir ein Geburtstagspäckchen ohne Absender. Darin sind Rossini-CDs und ein Kochbuch.

*

Die Kunst am Boden. Und wie bei jedem Zwischenstopp in diesem Jahrhundert will auch diesmal die Politik der Fluglotse sein, der die Starterlaubnis erteilt. Dabei pilotiert die immer nur den Tankwagen.

*

Zum hundertsten Geburtstag beschenkt ein Feuilletonist Céline mit seiner Empörung: „In der deutschen Buchhandlung zu Paris findet sich Céline neben Celan. Sie stehen friedlich beieinander, der Nazifreund und das Opfer. Céline, der die Juden haßte, neben Celan, der am Haß zugrunde ging." Aber das

Gutnachbarliche und Friedfertige ist kein Skandal, sondern eine Verheißung. Künstlerisches Sinnbild eines Entkommens, der Lösung und Erlösung von der Parteigängerei.

*

Das ist das Meer der Normalität mit seiner Dünung von Geburt und Tod. Aber nur wo es aufschäumt unter einer blühenden Algenkultur oder Fischblut emporkocht aus gemetzelten Schwärmen finden wir es bemerkenswert und bauschen sie auf, die Geschichte.

*

Die Gewöhnung wäre die unansehnliche Schwester der Hoffnung? Immerhin bringt sie das Kunststück fertig, menschenunwürdige Existenzbedingungen nach ein paar Tagen erträglich erscheinen zu lassen. Mehr noch, nur dank ihrer überleben wir auch das andere Extrem, jenes alle Jubeljahre einmal hereinbrechende wunschlose Glück, wenn ein Traum wahr wird und atemberaubend real.

*

Augenzeugenbericht aus einem Biotop: Zuerst überprüft Mutter Natur den Freibrief und legt ein herausforderndes Brennesselfeld an. Als sich tatsächlich nichts tut, beugt sie sich einen Winter lang über die Schautafeln und rückt den Menschenbildern mit Regen und Schimmel zu Leibe. Unter den abgeplatzten Farbschuppen erkennt man – mit ein bißchen gutem Willen – schon ihr wahres Gesicht.

*

Einer geht nur widerwillig aus dem Geschirr. In dem lebt noch die alte Karrengaulweisheit: Jedes Ausspannen bringt Muskelkater bei der nächsten Fuhre.

*

Man möchte a capella schreiben können.

*

Ein Wesen läßt sich nicht wegdenken. Denn im schlimmsten Fall ist die Welt ein vorbeiflirrendes Phantasma und der Mensch eine Eintagsfliege, womit alles das im Überfluß vorhanden wäre, was ein Mauersegler zum Leben braucht.

*

Was treibt die in ihre Fluchträume verbannte Phantasie? Nachtwandlerisch setzt sie eine neue Trennwand ein.

*

Kaum hat man sich aus schierer Menschenscheu auf die Bücher geworfen, da ziehen sie andere Seiten auf, wollen sich verausgaben, weltläufig vorgestellt und ausgehalten werden.

*

Was dem Hysteriker sein Valium, das ist dem Moralisten die Literaturgeschichte. Eben wird der derzeitige Kritikerpapst als Ex-Geheimdienstler, Zensor und ideologietreuer Bevormunder enttarnt. Aber bevor das Blut in Wallung gerät, beschwören wir den puritanischen Politruk John Milton herauf, den IM Christopher Marlowe vom elisabethanischen Prenzlberg, den Pfundsfaschisten Ezra. Sie legen bereitwillig Hand an die Schläfen. Erfrischende Grabeskühle breitet sich aus in den Gedankengängen. Der Berufsspion Daniel Defoe schießt – hast du nicht gesehen – noch schnell ein Erinnerungsphoto...

*

Gestern beim Westfälischen Dichtertreffen mit meiner hagestolzen Muse Hals über Kopf die Flucht angetreten. Lauter Bemühte, Besorgte und – westfälisches Wunder – Beredte stecken die Köpfe zusammen im professoralen Bauernhaus. Nun gehört das Dreschen von leerem Stroh zur Kulturarbeit.

Was mir dagegen Beine gemacht hat, war dieser Schatten ihrer selbst, die in einer Ecke der entrümpelten Tenne zusammengesunkene, gespenstisch abgezehrte Fürsorgeempfängerin.

*

Vor fünf erwache ich mit dem Wort ‚Niedergang'. Ich nehme es mit bis zur Toilette, kehre wieder, strecke mich aus unter dem Quilt der Vogelstimmen.

*

Sommeranfang. Überall auf den Wiesen der eingerollte Frühling.

*

Reden darf man, wie einem der Schnabel gewachsen ist. Aber alles, was zu Papier gebracht wird, will ins reine kommen.

*

Kalkweiß und leichenstarr spuren sie am Himmel, die flügellahmen Aufsteiger.

*

Der Aphorismus ist ein Einfallstor, der Aphoristiker auch.

*

Wer die Wirklichkeit als kollektives Phantasma enttarnen will, braucht dafür das Gegenbild das Eigentlichen, d.h. die philosophische Halluzination an sich.

*

Wissenschaft und Philosophie denken aus Prinzip hinterweltlerisch und fordern Gründlichkeit, weil sie unfähig sind, sich in den Vordergrund zu spielen wie die Kunst und wie das Leben.

*

Wohlverstandene Literaturtheorie wäre weder Gehege noch Käfig, sondern ein Photoalbum. Darin hätte sie das Geschöpf in freier Wildbahn festgehalten.

*

Man hat sie abgeholt. Ein Dinosaurier mit Kugelkopf, gluckst der Experte und verspricht Reanimation. Der Zustand meines Arbeitszimmers nach dem Faunenschnitt tendiert zum Fossilen.

*

Die Spatzen pfeifen es von allen Dächern. Die Saurier sind gar nicht ausgestorben. Die Riesen hatten schon Pech, aber als sich der Rest auch noch freiwillig federte, war die große Flatter nicht mehr aufzuhalten.

*

Nur ein Geist, der unsicher geworden und ins Schwanken geraten ist, muß sich an baumstarken Wörtern wie ‚Hirnstamm' und ‚Hirnrinde' aufrichten.

*

Hitze kommt in Wellen und schwappt über uns zusammen. Wieso verwässert sich die Metaphorik so konsequent? Doch wohl, um mit Sprachmagie den erlösenden Wolkenbruch heraufzubeschwören.

*

Hochsommer. Strahlende Überheblichkeit, wohin man blickt. Im Schatten eingedöst hat Frau Welt ihre Farbtöpfe überkochen lassen.

*

...wurde er, plötzlich und unerwartet, aus leidlichen Verhältnissen abberufen in die Unglückseligkeit.

*

Und was war denn nun das Köstlichste auf Erden? Das Bier und die Stille.

*

Zyklothym melde ich mich von einem weiteren Tauchgang zurück: Sekt im Blut, dieses quirlige Moussieren einer abgrundtiefen Atemnot.

*

Derzeit gilt Besessenheit als Kunstfehler, will sagen, sie fehlt der Kunst.

*

Auch unter den Gedankenfliegern beobachtet man Schwäne und Kolibris, Greife wie Paradiesvögel, verhuschte Zaunkönige und krakeelende Spatzenschwärme.

*

Geschützt und vertraglich gebunden läßt sich das meiste zu Markte tragen. Nur die Wahrheit ächzt unter dem Copyright.

*

So lange in den eigenen Spuren zurückgehen, bis man auf Entgegenkommen stößt. Dann dem Jüngeren den Vortritt lassen. Jetzt ist der Weg frei.

*

Augenblicke der Erfüllung habe ich erlebt, in denen ich mehr als eine Stimme, nämlich stimmig war. Aber das ist beileibe nicht alles gewesen. Doppelt gesegnet darf ich mich nennen, weil die Kunst auch noch meinen Unglücksbedarf gedeckt und mir die Verstärker abgestellt hat. Allseits übertönt und überdröhnt lese ich mir in einem Taschenspiegel von den Lippen ab, was sonst noch mitzuteilen wäre.

*

Noch einmal, mit Bedacht. Wer seiner Ich-Stärke nicht gewachsen ist, der muß sich eben über kurz oder lang auf chronische Erfolge gefaßt machen.

*

Nach dem abblätternden Oktober kommt der Melancholiker-Mai. Da dauert die Stunde der Wahrheit dreißig Tage.

*

Als erste grün, als letzte gelb. Vorwitzig im Frühling, unbeirrbar im Herbst. Sie sind chlorophyllgesättigte, durch nichts aus der Fassung zu bringende Kaskaden der Lebensfreude, diese Trauerweiden.

*

Transatlantisch ist Hopfen und Malz verloren, und ich sehe keine andere Remedur, als den abgeschmackten Konsumenten ein paar Generationen lang den Kopf mit Biershampoo zu waschen.

*

Spreche mir Trost zu bei Kerzenschein: Keine Glühbirne ohne Vakuum.

*

„What peculiar privilege has this little agitation of the rain which we call thought, that we must thus make it the model of the whole universe?“ (David Hume, *Dialogues Concerning Natural Religion*). Wie feuchtfröhlich liest sie sich doch, die posthume Absolution eines Hirnschrittmachers durch die Poesie der Druckfehler.

*

Verschont. Die Dankbarkeit, ein blühendes Weib, geht schwanger mit Gott.

*

Kann man Friedlosigkeit bekämpfen, ohne sie auch so noch heimlich aufzurüsten? Wie Goyas „Schlaf der Vernunft“ Monster in die Welt setzt, so gebiert der Dornröschenschlummer der Waffen – Prinzen.

*

Um die Weihnachtszeit und im *Weltatlas der Archäologie* glücklich im Mesolithikum angekommen, hatte er plötzlich das Ziel vor Augen. Unberührt von den grünen und schwarzen Entwicklungspfeilen auf 9°22’ Süd 150°16’ Ost: Goodenough Island.

*

In der Kunst, in der Philosophie, im Lebensstil: das Jahrhundert der Blender und der Restlichtverstärker.

*

Die Ethik schlägt sich damit herum, wie man in einer Gleichgültigkeitskultur alte Werte erhält oder neue etabliert. Statt überzeugender Setzungen reicht es in den Kommissionen aber nur zu sich fortzeugenden Sitzungen. In dieser Geschäftsordnung fällt auf Ekel und Schlendrian ein letzter Abglanz hehrer Ideale.

*

Was ist virtual reality? Ein programmierter Spuk, die Macher-Fata Morgana, high tech könne es über Verwünschungen hinaus zur Verwunschenheit bringen.

*

Bestseller-Einsatz zu verkaufen: Minderjährig, angetan nur mit einem Pflaster über den Lippen...

*

Neidisch sehe ich zu, wie die Begründungen seiner künstlerischen Unproduktivität immer einfallsreicher werden.

*

Natürlich ist die Sprache ihr eigener Parteigänger. Deshalb erklärt sie die maßlos Kommunizierenden schon zu Lebzeiten für redselig, während einem eher zögerlichen Gebrauch der Sprechwerkzeuge mit der Androhung der Mundfäule begegnet wird.

*

Die Kühltürme der Rationalität, die philologischen Literaturverdampfer setzen mir immer mehr zu. Wie und wo, um Himmels willen, wo und wie sammelt man sich noch in diesem geschlossenen Kreislauf?

*

Ein Berber macht Platte. „Ich bin so am Ende, daß es eigentlich nur noch mit einem Anfang weitergehen kann." Ich kaufe ihm die Single ab.

*

Tauwetter. Im Wald sieht man das Wasser vor lauter Sturzbächen nicht mehr. Äcker laufen aus. Treibholz verstopft die Röhren. Alles strömt auf Abwege. Nur in der Mitte des Tümpels schwimmt unbewegt die Eis-Scholle.

*

Das Bier hatte keine Tiefenschärfe; dafür verschloß man sich drei Gläser weiter nicht länger der Einsicht, daß die schönsten Uhren zeitlos seien.

*

„Wollen Sie etwa bestreiten, daß es diese handfesten Auslöser metaphysischen Unwohlseins gibt?" – „Weil mir gerade ziemlich behaglich..." – „Ein Möbelstück, das einen mitnimmt, ein Zimmer, in dem es nicht zum Aushalten ist." – „Alles, was Sie wollen." – „Ein Haus, eine Straße, ein Viertel, eine Stadt, eine Landschaft, eine Nation, ein Kontinent, ein Planet." – „Davon würde ich liebend gern mehr begreifen." – „Von den Auslösern?" – „Von ihren handfesten Weltkugeln."

*

Was ist das für eine Kunst, die es in der Versenkung nicht aushält?

*

Gern auch dritte Wahl wie Bach als Thomaskantor in Leipzig.

*

Haydns feingliedriges, Haydns zartbesaitetes Streichquartett in C-Dur klingt so fayencenhaft zerbrechlich, daß man es in Watte packen möchte. Und trotzdem haben Millionen nationalistischer Tölpel, Abermillionen von Deutschlandliederjanen dieses Arielstimmchen nicht aus der Welt grölen können.

*

Draußen ist Winter. Drinnen blüht ein Blumenstrauß, spielt Vaughan Williams' „Antarctica". Gegen das Zischen der Elemente, das Pfeifen des Sturms erhebt sich der Kulturkritiker zu einer Gedenkminute.

*

„**B**itte zurücktreten!" – Millenarismus der Bahnsteigkante.

*

Die Handlanger und Hilfsarbeiter auf den Baustellen der Kunst heißen alle Ich.

*

Den Teleprompter unablässig vor dem inneren Auge, galt er den Zeitgenossen bald schon als Mann von Weitblick und Prinzipientreue.

*

Wegen chronischen Zurückgebliebenseins ist das Werk meiner Wanduhr jetzt aushäusig und in Reparatur. Der reflexhafte Seitenblick fällt in einen leeren Kasten. Als Schrecksekunde kehrt die Zeit zurück.

*

Den Werbebrei, die Infotainmentsuppe auslöffeln aus der Satellitenschüssel.

VI.
LANZAROTE 1995

Mauersegler-Außenposten an der Grenze zum Mond. Die Patrouille kam schon vorbei.

*

Einparken an der Ecke Calle Reina Sofia und Los Hervideros. Mit der Weisheit könnte das seine Richtigkeit haben, hier im alten Kern von Puerto del Carmen, in dem sich von vornherein etwas gewehrt haben muß gegen die Anverwandlung an die Neubauzonen eines wenigstens nicht bettentürmenden Tourismus. ‚Aqui hay un Maestro Tirador de Cerveza' vermeldet das Schild an der Bar ‚De Leon', vor der man das Auto abschließt. Meisterschaft im Bierzapfen vielleicht, aber die Selbstvermarktung verharrt ohne viel Schaum, von Krone gar nicht zu reden, in der fließenden Übergangszone zwischen Hilf- und Antriebslosigkeit. Auch der Parkautomat, der für soviel Dilettantismus kassiert, macht kein Hehl aus der Sache und trägt die DEVOLUCION, das TURN TO CANCEL bedienungsanleitend und fettgedruckt im Gesicht geschrieben. Was er Fremden damit sagen will, ist ein paar Schritte weiter im Centro comercial la Hoya zu besichtigen.

Für die Begehung nicht der großen, dafür aber einer umso wahrscheinlicheren Zukunft wird – wie typisch! – kein Eintritt erhoben. Die ultimative Attraktion ist gratis. Ein mehrstöckiges Einkaufszentrum, vor Jahren fertiggestellt inklusive der Türen und Schaufenster im Inneren, teilweise bezogen, aber inzwischen bis auf die beiden üblichen Letztbewohner, den Glauben und die Lust, wieder völlig verwaist.

Ein puritanischer Raum mit mehreren Stuhlreihen ist im Innenhof als Kirche ausgeschildert. Durch die offene Tür mache ich zwei Evangelikale aus, die hier in der Menschenleere mit Engelsgeduld und Tee die verlorenen Seelen erwarten. Der Konkurrenz im Keller dagegen sind die Morgenstunden heilig. Nur die Lichterkette ist aktiv über der Schaumstoffbrust zum Sich-Eingreifen und scherzartikelnd aufbereiteten prallen

Männlichkeiten, die der geschäftige Rosenkranz umblinkt und umblinzelt.

Die übrigen Schaufenster zeugen, überzeugen anders – vom Ruin des guten Glaubens, den Orgasmen des Ungeschehens. Nackter Stein, Bauschutt, verinnerlichte Wüste in den einen, in denen es nicht einmal zu jener unternehmerischen Grundausstattung gereicht hat, mit der allein sich der Blauäugige in seine fixe Idee verrennen kann. Die anderen verwüstet vom Bankrott, der Enttäuschung oder den Gläubigern, die hinter den Kreditkartenaufklebern den Teppichboden herausgerissen, im Aktenschrank das Unterste zuoberst gekehrt, die Stühle umgeworfen haben. Behauste Momentaufnahmen der Aufgabe noch vor dem Beginn, des wutentbrannten Schaffens vollendeter Tatsachen im Angesicht des Aus. Morgenstand-, Morgenstundbilder...

*

Nach dem Aufkommen zu urteilen, sitzt Gott schon wieder dahinten in der Bodega ‚Lasset uns Menschen machen' und zieht vom Leder.

*

Was das mitteleuropäische Männchen heute auf zweihundert Strandmetern an Triebsublimation zustande bringt, hätte selbst den heiligen Antonius aufgerichtet.

*

Das Gespinst der Blicke um den Pool, vom Pool zu den Balkonen, und darin festgezurrt die Urlaubssonne.

*

Ab 20 Uhr mühen sich zwei Karikaturisten auf der Amüsiermeile. Um einen Hopper der Melencolia touristica aber ist man weiterhin verlegen.

*

Nach der Überbelichtung nachmittags das Dunstlaken über den Kopf gezogen. Am Tag darauf kriecht Lanzarote unter der flügge gewordenen Sahara hervor wie eine verstaubte Schildkröte.

*

Oder so: Alles hinter Milchglas. Es knirscht zwischen den Zähnen. In der Grauzone kommt der hohe Norden auf Besuch. Träge räkelt sich der kreidebleiche Blizzardeur.

*

Daß man aufgrund des Überangebots an sexuellen Reizen im Handumdrehen abhärte – diese These zeugt von geradezu nonnenhafter Unkenntnis körperlicher Anpassungsprozesse. Das genaue Gegenteil ist der Fall. Ein zeitgemäßer Badeurlaub verweichlicht, verweichlicht bis zum Molluskenhaften.

*

Am Pool tagtäglich unerbittliche Annäherungsversuche – an die Echse auf dem Stein.

*

Die Kunst kam zu Besuch. Sie stieg aus einem zerbeulten Kleinwagen, zog sich auf der Toilette um, tanzte, verpackte ihre Kostüme, trug sie eigenhändig an dem von Anabolika strotzenden Schwellkörper vorbei, der sich für ihren Beschützer hielt, hinterließ uns ungelenk und ehrbar.

*

Unter dem Blaulicht die Libellenwolke. Unter der Libellenwolke Ischtar, die Endlosschleife im Haar.

*

Am Fuße der Steilküste im Fels gesessen und zugesehen, wie das Meer gegen die Lava anatmet. Ohne Trotz. Ohne Triumph. Ohne die Komik jener läppischen Sonnenschirmchen in der Sanduhr, unter denen das Tempo-Tierchen nach mehr Langmut auf der Lauer liegt.

VII.
LAHN-SÜMPFE 1995/96

Da gedenkt eine frischgebackene Wissenschaftsministerin „mehr Kreativität loszutreten“ an den Hochschulen. Und die Rettungstrupps werden dann wohl irgendwann einen Stöckelschuh ausgraben tief unten in der abgegangenen Erkenntnislawine.

*

Die Kunst ist frei? Vielleicht will jeder Künstler im Abgrund seiner Seele nur hörig und fremd bestimmt sein.

*

Zum Glück gibt es keine Vorschriften, aber zahllose sehnsüchtige Nachreden.

*

Mit dem Zeigefinger im Bauchnabel, so will ich begraben sein.

*

Sie kommen unerwartet früh ganz spät, und gerade noch vorm Wolkenbruch schlüpfen sie unter die Traufen. Die Euphorie dagegen regt sich unterkühlt und klamm: ‚Mensch, sie sind da! – Und holen sich bestimmt den Tod.‘ Zwei Grad am nächsten Morgen. Ein Mauersegler schneidet durch die Luft, und lässig zieht ihr sechster Sinn vom Horizont sich einen blauen Himmel auf.

*

Die Aufgabe des Poeten? Seit Keats gibt das Echo die richtige Antwort.

*

Beim Gebrauchtwagenkauf war ich immer Internationalist: ein Leihwagen aus Paris, ein Reimportauto von den Kanaren und zum Schluß der schwarze Kombi aus der Transkei.

*

Was will man machen, dieses zehrende Ungenügen ist angeboren, in mir, außer mir, über mir wird das Zuwenig mehr.

*

Unversehens sackt man in eine Seichtigkeit ab, wo der Selbstekel reift wie Froschlaich. Man schöpfe das aus bis zum Kitzeln der Kaulquappen in der hohlen Hand.

*

Zum Laster gehört das Lichtraumprofil, ließ sich ein Schildbürger vernehmen, bevor ihn der Anhänger der Moraltheologie gefährlich ins Schleudern brachte.

*

Heimat ist ein Wunschraum und ein Wunschtraum. Eigentlich entsteht sie immer erst im Verlust. Man hat sie gehabt; sie ist entschwunden. Wer trotzdem beherzt nachfaßt, kriegt es mit der Folklore zu tun.

*

Bei der Bewerbung am Konservatorium hat man seine Talente gleich richtig eingeschätzt. Jetzt bekommt er Einzelunterricht. Bald wird er die erste Schweige spielen.

*

„Und die Welt hebt an zu singen, triffst du nur das Zauberwort.“ Ein Jubel ohne Nachhall, klanglos, eine nackte Inschrift im schalltoten Raum. Die Dinge, die Pflanzen, die Tiere teilen sich uns nicht mehr mit. Wir Maulaffen werden von aller

Welt geschnitten. Deshalb das ohrenbetäubende massenmediale Geplärre, bei dem wir die Kanäle nie voll genug bekommen.

*

Da liegt der Empörer, friedlich zusammengerollt, embryorund, im Widerstandsnest.

*

Der aufrechte Gang wird allenthalben empfohlen. Selbst Bären und Elefanten führen ihn gegen geringes Entgelt vor. Nur die traumwandlerische Sicherheit der Kunst stellt sich nicht auf die Hinterbeine, bloß damit die Hände frei werden zum Schulterklopfen.

*

Bei genauerem Hinsehen schrieb die Flasche eine ausgereifte Prosa mit Blaustich.

*

Wer Gott auf den Punkt bringen will, sollte mit dem Beistrich anfangen. Hier – als Fingerübung – eine Inschrift aus dem Amsterdam Spinozas: „Daß Gott Gott ist, glaube ich nicht unwirklich ist Gott."

*

Heute kommt der Tee mit Pralinés und Aspirin; die Sommergrippe hat schon Platz genommen und fiebert ihnen entgegen.

*

Spinoza war Determinist. Wie also konnte es passieren, daß ihm der Theologe Blyenbergh am 19. Februar 1665 aus Dortrecht widersprach?

*

Es hält sich die Anekdote, der kürzlich verstorbene Pianist Arturo Benedetti Michelangeli habe einmal eine Beethoven-Sonate so lange geübt, bis die Vögel vor dem Fenster mitpfiffen (und die Hände im Gegenzug fliegen gelernt hatten).

*

Das Geheimnis des Automobilismus liegt in der kontrollierten Explosivität, insofern gehören Zylinderkopf und Schädeldecke auch in unbehüteten Zeiten zusammen.

*

Dem Abouzo ergeben.

*

Man muß sich Beelzebub, den Herrn der Fliegen, also mit einem weiteren Nimbus von Mauerseglern vorstellen.

*

Cioran ist heute, an der Schwelle zum Sommer, auf der ersten Seite verblichen. Ein Gigant. Der Schluckauf des Nichts. Schön weht die Staubfahne von den Gipfeln der Verzweiflung zu Tal.

*

Ausgesprochen unmißverständlich: „Genug vernünftelt, Apollo geht!“

*

Sagen wir: ein stiller Amokläufer. Er war es zufrieden, wenn der Schaum vorm Mund fünf Prozent erreichte.

*

Sie hatte Federn gelassen. Er hielt sich sein Pech warm. Ein Nachbar vermittelte die ersten Gelegenheitsarbeiten; und es dauerte nicht lange, da konnten sie sich die Kundschaft aussuchen.

*

Anhänger der Brownschen Bewegung, wohin man blickt, Monomanen der Zerstreuung, hirnstämmige Pendler um die Jahrtausendwende.

*

Jeder herbstliche Waldlauf ein Ausflug ins Namenlose, in die Zeit vor der Zeit, das Andauern, in dem Atemwolke um Atemwolke verfliegt.

*

Sie denken sich den schönen Schein im Brieftaschenformat und können dann die galoppierende Inflation nicht fassen.

*

Ein Tag, so windstill, daß drei Ballone hinter den Lahnbergen wie an Stangen auf und nieder fahren – damit die Novizen der Heißluft das Landen lernen.

*

Dieser Tage lassen sie wieder die Augen tränen, die uns aus der Zeitung anspringenden Quasimodos der Forschung. Angesichts solcher Mienenspiele geht einem auf, warum es neben Nobelpreisen Schönheitswettbewerbe geben muß.

*

In Frankfurt soll Buchmesse sein. Ob die Beschicker keine Angst haben, daß die geballten Fiktionen abfärben?

*

Ausriß aus einer akademischen Absichtserklärung: ...trete ich also ohne Wenn und Aber für den Rückbau, die Renaturierung und Deregulation des Studiums ein. Sollte die Mehrheit den Katalog bereits praktizierter gegenläufiger Maßnahmen allerdings fortschreiben, werde ich meine Mitarbeit keineswegs aufkündigen. Schließlich führt auch die energische Überreglementierung, das konsequente Verdschungeln der Studien- und Prüfungsordnungen sowie ein byzantinischer Instanzenwirrwarr – über den Umweg der Selbstlähmung – verläßlich zum Ziel.

*

D*en* Sinn des Lebens, der alle über einen Heilskamm schert, gibt es nur in den Religionen und Ideologien. Damit mein Leben seinen Sinn bekommt, aber braucht es ein Unikat. Und der Kunsthandwerker, der allein dieses Einzelstück anzufertigen verstünde, ist man selbst.

*

Macht stellt auch nur ein Unterhaltungsprogramm dar, und erst aus dem Gähnreflex ist das Zähneblecken zur Welt gekommen.

*

Beim Waldlauf an der Grenze zum November drei Vor-Bilder: Schafe, die friedlich einen Schafskadaver umweiden, den das Raubzeug schon umzustülpen begann, ein Raubvogel, der schwerfällig abstreicht durch die Bäume, einen kleinen Artgenossen in den Klauen, und ich in der Trägheitsschneise einer quietschenden gelben Karosserie, deren Insasse gerade noch die Kurve kriegt – aus dem bodenlosen Leichtsinn ins Ungeschehen, aus meiner Schlußeinstellung in die Projektion.

*

Investor, Innovator, Katalysator. So viel zu den Lieblingsendungen im späten 20. Jahrhundert.

*

Zu PC gibt es zwei Lesarten, die elektronische und die ideologische. Daß sie hinterrücks miteinander vernetzt sind, steht zu vermuten. Und ähnlich wird die VR wohl erneut in desaströse VRs einmünden, den real existierenden Virtualismus samt Gulags in Cyberia.

*

Haltlos in Ungedanken, dann so fortfahrend schon Fritzlar.

*

Nirgends läßt es sich so ungehindert und wie mit Siebenmeilenstiefeln ausschreiten wie dort, wo man keinen Boden mehr unter den Füßen hat. In diesem Fall wächst uns alles Erdenkliche in rasendem Tempo zu.

*

Senat: Die Ausgekochten lassen vorlegen oder servieren ab nach dem Gebot. Die Gänge dehnen sich. Das Plenum schlurft von Kreuz zu Kreuz. Ausgezählt sacken die einen zusammen, die anderen ein. Und das alles zum Wohle der Alma mater, ihrer Vorkoster und Vormünder. An seinem Geduldsfaden möchte mein Ja-Ja sich lautverschieben und zum Jo-Jo werden.

*

Seit Jahren lebe ich von Heuschrecken und sehe die Krötenschlucker feist werden. Wer mir aber auch noch die Bierchen dazu vorzählt, der fliegt aus der Wüste.

*

Die Welt ist aus langer Weile gemacht. Das ist ihr Urstoff. Wer nicht mehr kopfüber hineinwill in dieses Fruchtwasser, wer Angst hat zu schlucken und wieder zu schlucken davon, bevor es dem Untergetauchten von neuem Auftrieb verleiht und ihn und sein Keuchen zurück an die Oberfläche befördert, der vertrocknet aufs unterhaltsamste. Ein Opfer, das sich die Zeit vertrieben hat, bis es – ganz mit sich zerfallen – restlos zerstreut war um den unberührten, um den ungerührten Spiegel seines Jungbrunnens herum.

*

Angesichts der Klaviatur der Möglichkeiten ließ er die Gelenke krachen und holte auch schon zu den ersten Saitenhieben aus.

*

Die öden Diskussionen nach Lesungen unterbindet man am einfachsten mit der Feststellung: Hier sitzt fraglos ein intelligentes Publikum.

*

Warum muß der Erfolg an diesem Jahrtausendende immer gleich durchschlagend sein? Weil man nur so von der einen Seite der Mattscheibe auf die andere gelangt.

*

Lese ein schon etwas älteres Produkt Korrektur. Eigentlich tröstlich, wie da die Gedanken mühsam zusammengehalten werden, um sich dann doch wie Nebelriegel in die Bilder aufzulösen.

*

Überirdisch fürwahr, wenn dieser Widerpart von Anbeginn, wenn selbst die Totenstille mitzuspielen beginnt in der Neuen Welt, aus der nach Antonin Dvořáks Largo nichts Vergleichbares mehr zu uns herübertönt.

*

Dieser Tage ging mir ein Licht auf, warum sich die Windows-Programme so spielend durchgesetzt haben in der Computer-Software: Sie folgen allesamt dem Prinzip Adventskalender.

*

Kultursponsoring auf den Begriff gebracht: Was schön ist, muß vereitelt werden.

*

Im Konzert. Die Hornisten bewundert, diese Heraufbeschwörer ozeanischer Weiten und lautlosen Drainageure.

*

Auf dem Pressephoto sehen die vier Minarette, die die Hagia Sophia umstehen, wie aufgepflanzte Interkontinentalraketen aus. Auf die optische Täuschung hingewiesen, würde ein Außerirdischer gleichwohl festhalten, daß unsere Altvorderen vorbauten. Das 20. Jahrhundert ist nur ein patentierter Entwickler, der die Negative, die wir schon lange im Kopf hatten, in seiner Dunkelkammer von ihrer Verwaschenheit befreit.

*

Weil sie auf keinen Fall Heidenspaß machen sollte, ist die christliche Nächstenliebe erbarmungslos vom Fleisch gefallen. Allein die Madonna verkörpert noch, daß wir nicht zur Menschlichkeit bekehrt, sondern verführt werden wollen.

*

Die Lahn dampft. Eine Entenarmada hält Kurs zwischen den Schwaden. Die Sonne setzt eiskalt Versprechungen in die Welt; das Schloß gibt sich morgenfrisch und gut durchblutet, als wäre es mit dem ersten Besucher zu sich selbst heraufgeklettert. Noch höher, noch frostklirrender eine Flugzeugladung von Jahreszeitwechslern — schon über den Berg, schon nicht mehr im Bild.

*

Menschen, die das Schlimmste abwenden, werden ebenso gefeiert wie die Tatkräftigen, die, wenn es doch passiert, retten, was noch zu retten ist. Aber daneben gibt es Helden des Ungeschehens; sie haben die sich wie unter einem heimtückischen Zauber zusammenfügende Kette besonderer Umstände zu einem so frühen Zeitpunkt ausgeklinkt, daß sich nicht einmal in ihnen selbst eine Vorausahnung des ganzen heraufziehenden Unglücks bilden konnte. Sie sind das fehlende Glied zwischen Voraussetzung und notwendiger Folge, zwischen den Anfängen, denen man hätte wehren sollen, und dem bösen Erwachen, zwischen trauter Alltäglichkeit und ihrer unheilschwangeren Verwandlung. Manche dieser Unterbrecher bleiben naiv genug, auch ihre Verhinderungsgabe als Schicksal hinzunehmen. Ihre Umwelt allerdings hebt sie auf keinen Sockel; eher schon hält man ihnen vor, sie hätten nichts zustande gebracht.

*

Panoramascheiben, eingezogen zwischen den Unbilden da draußen und thermostatischen Innenräumen. In ihrem Schutz versammeln wir uns um ein milchig vernebeltes Zweitfenster, das auf Knopfdruck durchsichtig wird und unserem bösen Blick jeden Wunsch von den Augen abliest.

*

So wird's gemacht: Einfach ein Loch in die Luft gucken und flugs wie eine Gallwespe etwas Entwicklungsfähiges darin ablegen.

*

Nur ein Gott kann jenseits der Sprache aus der Untat das Untätige hervorgehen lassen. Unter uns aber wachsen ihr Rattenschwänze wie Engelszungen.

*

Der Traum, noch einmal jugendfrisch zu lesen, einzutauchen in das Erzählte wie in eine Schneewehe, die den schlimmsten Fall auffängt, sich gleichzeitig zwischen den Zeilen zu verlieren und zu finden, einer unerträglichen Spannung ausgesetzt zu sein, die doch nie enden soll, umzublättern, so wie man den Lukendeckel eines unterirdischen Gangs zurückschlägt, mit den Fingerkuppen schon die Offenbarung der Unterseite ertastend, dieser Traum, dessen Wahrwerden den bestallten Interpreten, Kritikern, Philologen, die ihm sämtlich anhängen, das Handwerk legen und sie zur Berufsunfähigkeit verurteilen müßte, hat gleichwohl etwas von der Unverzichtbarkeit jener drei Pünktchen, die es jedem Autor, der sich bis in Ausweglosigkeiten vorgewagt hat, ermöglichen, aus dem Stand wie über drei runde Steine im brodelnden Weiß des Gletscherbachs Anlauf zu nehmen und dann mit traumwandlerischer Sicherheit hinüberzuwechseln aufs...

*

Seit Tagen Kopfschmerzattacken, unvorhersehbar wie Ausfälle aus einer belagerten Zitadelle. Schon dieser Vergleich Symptom des neuronalen Aufruhrs, denn berannt wird die Feste doch von innen, und außerdem ist sie keine mehr, sondern allenfalls noch ein Reflexions-Iglu in den Schneewüsten von Aspirin.

*

Am Ende dieses Milleniums sind die Medien so aufdringlich und geisttötend geworden, als bestehe das Schlimmste, was einem Menschen zustoßen kann, darin, einen klaren Gedanken zu fassen. Die Klientel, die sich der unablässigen Gehirnwäsche nicht nur aussetzt, sondern dafür auch noch bezahlt, sieht das nicht anders. Eine längere Sendepause muß unter diesen Umständen als medialer Hirnschlag wirken, bei dem der unterhaltsame Durchfluß stockt und von Panik begleitete Lähmungserscheinungen auftreten. Die Totenstille, in der wir notwendig in uns hineinzuhorchen beginnen, der Bildausfall, hinter dem die Stilleben aufsteigen und die Schemen vergeudeter Existenz – diese Hölle der Innerlichkeit und des Beisichseins läßt sich für den vernetzten und verkabelten Zeitgenossen nicht auf Werbespotlänge ertragen. Deshalb hallt und flimmert die Hirnschale in einer Art Notprogramm meist so lange nach, bis das Opfer sich auf eine neue Intensivstation gezappt hat, wo der Kreislauf rasch wieder auf Touren kommt und das innere Dämmern sich in der alten Unerschütterlichkeit dem Strom elektronischer Einspielungen aussetzen kann.

*

In jedem Pornoheft schrumpfen die Männchen zu Anhängseln ihres Organs, während die Partnerinnen trotz kamerafreundlicher Verrenkungen ihre körperliche Wohlproportioniertheit nie vollständig einbüßen und immer etwas von einem der Inszenierung enthobenen Aktmodell behalten.

*

Eben wieder aus Tausendundeiner Nacht zurückgekommen, wo sich ein persischer König im Tremens des Größenwahns als „Zuflucht des Weltalls" anreden läßt und der Realitätssinn der märchenerzählenden Phantasten gleichzeitig so schmerzhaft überentwickelt ist, daß die traute Schlußformel des abendländischen „Und wenn sie nicht gestorben sind, dann leben sie noch heute" wie eine rosarote Brille daran in tausend Stücke geht: „Und sie führten das schönste Leben, bis sie schließlich der Zerstörer der Freuden, der Trenner der Vereinigungen, der Verwüster der Paläste, der Bevölkerer der Gräber und Schnitter des Auferstehungstages heimsuchte, und es ward, als wären sie nimmer gewesen."

*

Man findet sich nur, wenn man ausprobieren darf, was man nicht ist. Das geht am schonendsten in Gedanken oder im Spiel. Nur eine Gesellschaft, die ihre schlimmsten Hirngespinste praktisch durchexerzieren muß, kann deshalb zugunsten der Aus- über die Eingebildeten herziehen.

*

Habe mir geschworen, während des Dekanats die drei großen VERSCH nicht aus den Augen zu verlieren: verschieben, verschlampen, verschludern. Die überhöhten Kurven einer Wissenschaftspolitik, die heute das Gegenteil dessen abfordert, was sie gestern programmierte, sind nämlich nur mit dem Maximum an Trägheitskräften zu meistern.

*

Umschreiben heißt das Geschäft der Interpretation, und dabei kommt es ganz auf die Akzentuierung an.

*

Nicht nur die Handy-Hantierer sind von der Angst besessen, ihre Chance zu verpassen. Eine sich bietende Gelegenheit nicht ergriffen, nicht das Äußerste an Selbstverwirklichung aus seiner Lebensspanne herausgeholt zu haben, das ist die kollektive Phobie der Leistungsgesellschaft. Was aber, wenn am Ende unserer Tage die Meßlatte eine ganz andere wäre? Wenn es gerade um Verzicht ginge, darum also, mit wieviel Gespür und Weitsicht sich jemand die Chance verbaut hat, die schlimmeren und schlimmsten Facetten seines Wesens ins unrechte Licht zu rücken? Ein Joseph Goebbels, der weiter ausschließlich mittelmäßige Romane in die Welt gesetzt hätte, um dergestalt mit seinem demagogischen Genie Schindluder zu treiben, ein Hitler, der aus der Einsicht in die Abgründe seiner Seele der Verpflichtung nachgekommen wäre, sein Leben als Provinzmaler zu verpfuschen oder sich als unfähiger Architekt zum Gespött zu machen, beide wären Heilige gewesen. Und wer weiß, wie viele wir abschätzig belächeln, die es dank ihrer Untaten sind.

*

„Ich stehe vor einem Scherbenhaufen.“ – „Glückwunsch, eine archäologische Urszene.“

*

Naturgesetz vom tendenziellen Fall der technologischen Faszinationsrate: Die Dampfmaschine behauptet sich immer noch im Kinderzimmer, die Walkietalkies sind schon nach drei Tagen nicht mehr der Rede wert.

*

Nicht theoretisierbar sind etwa Gott, die Schönheit, unser Leben und die Theorieproduktion selbst. Deshalb werden aus der Theologie, Ästhetik, Ethik und Wissenschaftstheorie nie strenge wissenschaftliche Disziplinen, sondern es bleibt beim Spiel der Intuitionen, bei jenem wundersamen Wildwuchs, dessen Urform Paradies heißt.

*

Nach einer Zeitungsnotiz hat ein Computer Bußgeldbescheide wegen Unterschreitung der zulässigen Höchstgeschwindigkeit verschickt. Das Plus oder Minus bei den Messungen war ihm gleich. So wird an einer ‚kleinen Panne’ deutlich, worum es im digitalen Zeitalter geht: nicht um Beachtung der Vorzeichen, sondern um das Ausmerzen von Differenz.

*

Insbesondere nach Wochenenden, verlautet im Direktorium, schlage den ersten Benutzern der Bibliothek Alkoholdunst und Tabakqualm entgegen und auf den Regalen der Amerikanistik zerbrösele Zigarrenasche. Wenn mich nicht alles täuscht, will da ein abgeschriebenes Leben ins Buch und ein Kollege mit Passepartout zur Geschichte werden.

*

„**H**at mir zu denken gegeben, Ihr Sonderdruck. Nochmals besten Dank." Hinter den leuchtenden Augen des Angesprochenen nicht die Spur eines Verdachts, daß hier von Bedenklichkeit statt von Bedenkenswertem die Rede sein könnte. Denn, im Vertrauen, das Gros der philologischen Forschungsbeiträge sind Dokumente beängstigenden Kontaktverlusts und eines verbissenen Selbstläufertums, das mit den Kollegen um die Wette rennt und – in theoriebeschlagenen Siebenmeilenstiefeln – vor der Kunst davon.

*

Konsequenz heißt die Ausflucht in den eigenen Starrsinn, die Kandare der Prinzipienreiter.

*

Ein Lektor bestellt Kulturkritik zur Jahrtausendwende. Was hätte ich zu bieten? Allenfalls 1999 Ausflüchte.

*

Fünf Stunden hoher Senat – eine Orgie von Verwaltungsakten. Mein Körper füllt seine Zwangsjacke mit den beißenden Ausdünstungen der Wildbahn und kehrt erst abends zu einer zivilisierten Form der Anwesenheit zurück, als ich ihn mit einer warmen Dusche und der Aussicht auf eine Kneipkur versöhnlich gestimmt habe.

*

Ich balanciere eine gefüllte Kaffeetasse über den Flur. Auch hier muß man den Starrsinn ablenken und von der

Hauptsache absehen, damit das Fingerspitzengefühl ein Malheur verhindert.

*

In diesem Opus über die zeitgenössische amerikanische Literatur stechen immer wieder die Fekalien (sic) ins Auge. Sie mögen mit der katholischen Feinsinnigkeit in Zusammenhang stehen, die wir dem Autor als Mitglied der Görres-Gesellschaft gern zubilligen wollen, oder aber lautmalerisch davon Zeugnis ablegen, daß er gleich über den ersten seiner drei Wünsche alle – ä – Stoffwechselprodukte aus dem Kunstschaffen der Alten und der Neuen Welt entfernt hatte.

*

Ich muß doch sehr bitten! Mein Bierglas schwitzt nicht, sunt lacrimae rerum.

*

Die meiste Toleranz eignet eben doch den Präzisionsmaschinen. Die Rotation, die während des Dritten Reiches den *Völkischen Beobachter* ausgestoßen hatte, stand nach Kriegsende in München der *Süddeutschen Zeitung*, in Ost-Berlin dem *Neuen Deutschland* noch lange zur Seite.

*

Die Hilflosigkeit der Schulmedizin gegenüber den Allergien ist ein beredtes Symptom für den Zustand der Disziplin. Wie bei Überempfindlichkeit an sich effiziente Mittel wegen der Nebenwirkungen nicht verschrieben werden können, so unterminiert auch sie nicht Leistungsschwäche, sondern das Gegenteil: ein unkontrollierbarer Überschuß an Wirksamkeit. Spätestens seit den Antibiotika trägt die Medizin das Stigma des Alleskönners, der keinen Vertrauensvorschuß mehr benötigt und deshalb Gefühle des Ausgeliefertseins und die Überreaktion eines von jedem neuen Erfolg zehrenden Mißtrauens auslöst. Immerhin weckte der Ernstfall die Erinnerung, daß wir nichts Besseres haben; und die Angst um das Leben erweist sich als Anti-Allergikum par excellence.

*

Unwillkürlich las er immer von Sofortprogromen gegen die Arbeitslosigkeit.

*

Auf dem Universitätsgelände in Gießen sind die Bäume beschnitten worden. Seit Tagen liegt haufenweise Geäst herum – und verwandelt sich in bleiche, blankpolierte Gerippe. Auf den zweiten Blick kommt einem neben dem Gottesacker das afrikanische Highveld mit seinem angeschliffenen und wie ausgekochten Holz in den Sinn: Tropen für den Winter und sein unmerklich heraufziehendes Gegenteil. Ummantelt passieren wir so ein kleines Stück hitzeflirrender Savanne; meine Begleitung faselt etwas von Kaninchen.

*

Die im Brustton der Überzeugung vorgetragene feministische Forderung nach der Verweiblichung der Welt hat ihre Rechnung offenbar ohne Mutter Natur gemacht und ist im Begriff, hinter die nackten Tatsachen zurückzufallen. Wenn man den aktuellen Forschungsergebnissen trauen darf, zirkulieren inzwischen soviele Stoffe mit östrogener Wirkung in unserer Umwelt, daß die Zahl der Spermien nicht nur beim Sapiens-Männchen dramatisch zurückgeht. Der Tag ist nicht mehr fern, an dem sich auch der letzte Standhafte – hormongeschwängert – zu einem damenhaften Innenleben bekehren muß.

*

Cineastischer Interruptus. Wieder einen amerikanischen Streifen nicht durchgestanden und aus dem Kino gestürzt. Kleingeistiges Drehbuch, verlotterte Schauspieler, die Bauten der Alptraum, dem sie eigentlich Gestalt verleihen sollten, die Dialoge sprachlos. Man kennt das und sitzt es aus. Was mich aus dem Sessel vertrieben hat, waren denn auch nicht die zahllosen Mängel, sondern diese perverse Professionalität, die mehr als eine halbe Stunde lang den kleinsten Ausrutscher ins Kunstvolle, jedes unverhoffte Aufblitzen des Könnertums, das in größeren Produktionsteams doch eigentlich unvermeidlich ist, zu unterbinden wußte.

*

Zunehmend spürbar, wie ich das akademische Immunsystem aktiviere. Nicht als beneidenswerter Fremdkörper wohlgemerkt, sondern als läppischer Erreger. Vielleicht ist das meine Rettung: Mit dem Schnupfen muß man leben.

*

Was früher der Stachel des Ehrgeizes in Bewegung brachte, bewirkt heute das Schleppnetz der Routinen.

*

Trailer: Manchmal ist ihr Himmel schon da, die Leinwand in Aquamarin, auf der sie sich demnächst wieder abzeichnen. Vorsorglich rollt der Aficionado Augen und Kopf. Die Schwenks, die Schwenks werden wie immer tierisch sein.

*

Wer mit heiler Haut davonkommen will, der soll sich mit Feuchtigkeitscremes, nicht aber mit der Kunst einlassen.

*

Was ist schön? Die aus der Tiefe aufperlenden und sich dem arktischen Milchglas anlagernden Luftbläschen sind schön. Was aber ist schöner? Die der Atemnot grünlich entgegenschimmernden Löcher im Eis!

*

An Feiertagen studiert man aus Verlegenheit die Zeitung von gestern ein zweites Mal. Mit kleineren Entdeckungen zwar, aber doch von Anfang an sattsam im Bilde. Auf solche Nachlese ist die Melancholie abonniert, auch nach dem Karfreitag.

*

Und das werte geistige Befinden? Seit Monaten innere Blutungen, verplätschernde Projekte, anämische Gegenwehr gegen ein falsch verstandenes Abstillen. Das einzige, was die Antriebsschwäche noch in die Welt setzt, sind Maydays für Mauersegler.

*

Ohne Brüten keine Lieder. (Frühlingslektion)

*

Kopf hoch! Die Überflieger sind zurück.

*

Es ist wohl so. Ich wollte partout das letzte Wort haben und habe ein Leben lang hinter ihm hergeschrieben. Das war der Anfang vom Ende. Jetzt ist mir ohne viel Aufhebens und in Würdigung meiner Verdienste das Schlußlicht verliehen worden.

*

In Breisach, 1945 verwüstet, gibt es ein Mahnmal, das auf der Welt seinesgleichen sucht. Das liegt nicht an dem gutgemeinten Stück Kunsthandwerk in der offenen frühgotischen Krypta des wiederaufgebauten Münsters. Dieser bodenständige Sandsteinkranz mit seinen zeitgenössischen Totentanzreliefs haftete ebensowenig in der Erinnerung wie der darüberhängende Torso des Gekreuzigten, wenn dem Appell zum Frieden dort oben auf dem Berg nicht so unmenschlich Nachdruck verliehen würde. In der Krypta nisten nämlich Dutzende von Schwalben in den Lehm- und Speichelmützen, die sie den gotischen Kapitellköpfen aufgesetzt haben. Schwirrend und schwatzend pendeln sie zwischen offenem und steinernem Himmel, entleeren sich unschuldsweiß über der Gedenktafel, rasten mit gekreuzten Schwingen in den Nischen und auf der Dornenkrone. Und wenn man an diesem verzauberten Frühlingstag Hoffnung schöpfen wollte, wären es nicht die eingemeißelten schönen Worte, die zur Ermutigung und Erbauung taugten, sondern dieses kleine Wunder, daß offenbar niemand hier das Andenken an die Opfer mit feinem Maschendraht sauberhalten muß.

*

Tanztheater in Gießen. Im Zuschauerraum sitzen wohl weniger Leute, als auf und hinter der Bühne tätig sind. Die Produktion ist die letzte der alten Intendanz, danach wird die Truppe weggespart. Das Stück selbst wirkt schon wie auf Sparflamme in Szene gesetzt, ein mit Computeranimationen und virtuellen Realitäten beflackertes geworfenes Handtuch. Nur im Schlußbild ein Aufbegehren. Die Akteure verlassen die Bühne, gehen in grelles Licht, werden zusammengeschossen. Dann erstarrt alles zum Stilleben; das Theater stellt mit der Hinterbühne auch sein verborgenes Inneres zur Schau. Der Blick des Zuschauers läuft durch den Illusionsraum und die Arbeit, die dahintersteckt, gegen die Wand. Wollt ihr wirklich diese Leere, fragt es zurück. – Kein großer Abend. Oder doch? Denn vielleicht war sie hier erreicht, die Umbruchstelle zwischen Aufgabe und Aufgabe, die Wendemarke, an der die Streicher und Kürzer sich noch am Verwehen vergreifen und damit wider Willen die beiden uranfänglichen Schlußsilben freilegen.

*

Wer will einem absteigenden Ast verargen, daß er Blüten treibt?

*

Nächtens ist uns das Gähnen geblieben. Nur haben es jetzt die Abgründe übernommen, in die man sich mit zusammengebissenen Zähnen hineinwälzt.

*

Früher war ein Tanz, ein Schauspiel, ein Lied bewegte, agierende, tönende Vergänglichkeit. Ein Aufbegehren gegen das Verschwinden, das nur dann dauerhafter wurde, wenn es den Zuschauern als Erlebnis im Gedächtnis blieb. Heute wird das ehedem Einmalige mit Mikrophon und Kamera aufgezeichnet und als Konserve auf Knopfdruck wieder und wieder abrufbar. Die Folgen für die ästhetische Sensibilität sind verheerend, weil unsere Erinnerung nicht mehr Regie führen, nicht mehr heraufbeschwören darf, sondern sich von Maschinen vorschreiben lassen muß, wie es wirklich war. Der Live-Mitschnitt, der Abklatsch hat immer recht, auf unsere Hirnbilder und -echos aber ist kein Verlaß. So pervertiert sich das Unvergeßliche zum Wiederholungszwang, und an Stelle des sehnsüchtigen und unerfüllbaren Noch-Einmal schnürt uns die Endlosschleife eines todlangweiligen Jederzeit den Atem ab.

*

Noch einmal. In den performativen Künsten gibt es zwei grundverschiedene Formen der Wiederholung: neu aufführen und abspulen. Jede Vorstellung kann verunglücken, und der Stachel des Versagens hält die Routinen in Schach. Die Reproduktion einer ‚Sternstunde' über CD, Film oder Video aber ist – bis auf apparative Pannen – risikolos; ständige Abrufbarkeit negiert den Eigensinn der vorgeführten Virtuosität und entstellt sie zur billigen Kopie.

*

Zum dritten. Die Dakapos der Kunst sind raffiniert, die der Technik ausgekocht. Auch in ihren Konserven ist kein Platz für den Preis des Köstlichen, die Verderblichkeit.

*

Irgendwann zwischen vierzig und fünfzig erreicht man die dritte Welt. Die alten Vertrautheiten, nur überwachsen von Rührmichnichtan, die alten Bekannten in Elefantenhaut, jede Aussicht rundumverglast. Auf Schritt und Tritt feine Brechungen, andeutungsvolle Spiegelreflexe. Das Elend lüftet sein Inkognito, verbeugt sich aus der Radkappe, vor der du mit einem Streichholz die verbleibende Profiltiefe mißt.

*

Wir kennen weder Tag noch Stunde, und das ist gut so. Aber die Konstellation der Himmelssicheln im Augenblick meines Todes, davon hätte ich gern jetzt schon einen Probeabzug.

*

Einbildung und Einbildungskraft – wieder behält die Sprache recht – sind Doppelgänger. Denn wem sein Bodyguard durchtrainierter Arroganz abhanden kommt, dem beginnt das Können der anderen immer überwältigender auf den Leib zu rücken, bis er schließlich jenen Stichen zum Opfer fällt, die ihm ihre Erfolge versetzen.

*

Von einem patroullierenden Streifenwagen aus gesehen, bekommt die Straßenverkehrsordnung etwas Alttestamentarisches, an dem sich niemand zu versündigen wagt. Wäre auch das eine laborferne Variante von Heisenbergs Unschärferelation, nach der Beobachter und Beobachtung bekanntlich aufs verfahrenste miteinander zusammenhängen?

*

Das Logo meiner Mauersegler-Manie: ein durch die Luft fliegendes, ein im Affekt fortgeschleudertes Buch, aus dessen aufgeklappter Illustration sich die Sichelflügler zu lösen, auszufliegen beginnen.

VIII.
MILWAUKEE, WISCONSIN, 1996

„Change to the front.“ Was für den Neuankömmling wie ein pathetisches Bekenntnis zu jener Fortschrittsreligion klingt, die einen halben Kontinent hat unter die Räder geraten lassen, meint in Wirklichkeit, daß der Kassiererin bei ‚Sendik's' das Wechselgeld ausgegangen ist.

*

Bei einem Abstecher nach Madison, wo ich vor drei Jahren unterrichtet habe, geraten wir am Lake Mendota in die „1996 Concrete Canoe Competition Finals“, die Endläufe von ausschließlich mit Kommilitoninnen bemannten Betonbooten, wie sie an amerikanischen Universitäten von Hawaii bis Houston verfertigt werden. Der Verdacht, es handle sich bei der Herstellung dieser besonders auftriebigen Variante einer berüchtigten Bausubstanz um bloßen Studentenulk, verflüchtigt sich spätestens angesichts der Tatsache, daß die Veranstaltung von der ‚American Society of Civil Engineers and Master Builders' gesponsert wird. Die Geldgeber investieren wieder einmal in die Abschaffung des Unmöglichen; die nachwachsende Generation demonstriert dafür, wie gut sie die Spielregeln der ewigen Pioniergesellschaft verstanden hat, noch bevor sie nach dem Examen ins kalte Wasser geworfen wird.

*

Die einzig funktionstüchtige Internationale ist die der Bürokraten. Kaum im Lande, hat Herr Mustermann schon eine neue Bleibe gefunden: c/o John Doe, 1 Elm Street, Anytown, U.S.A. 00000.

*

Lake Michigan ist auf Landgang. Benebelt treibt er sich seit Tagen auf den Straßen herum und bringt eine Stadt zum Verschwinden, die ihr spukhaftes Erscheinungsbild auch im hellsten Sonnenschein kaum abstreifen kann.

*

Die Gier nach virtuellen Realitäten, die die Vereinigten Staaten inzwischen elektronisch über den Globus verbreitet haben, ist im Ursprungsland unschwer zu erklären, das mit dem Phantastischen immer schon die Angst überspielen mußte, bloß ein Phantasma zu sein. Das Unsolide dieser Zivilisation ist für den Besucher mit den Händen zu greifen. Im Gegensatz zu Südamerika, das wenigstens in seinem Elend und seiner trotzigen Lebenslust zu Hause ist, scheint es den Einwanderern jenseits von Mexiko nie gelungen zu sein, sich der Neuen Welt einzubilden, weshalb sie auf den schlimmen Ausweg verfallen sind, sich die Neue Welt einzubilden: ein Imperium zunehmend substanzloser Machenschaften, eines Einfallsreichtums, der sich allein dadurch auszahlt, daß er die Mitbürger nicht zu Verstand kommen läßt.

*

In den Köpfen meiner Studenten ist Europa ein Pferch, in dem sich die Menschen drängen, in meinem ist Amerika eine Vakuole, in der sich alles verflüchtigt.

*

Hier schwatzen die Segler wie die Schwalben. Das Wegrationalisieren liegt wohl in der Luft.

*

Die sprichwörtliche Fadheit der amerikanischen Lebensmittel, der Kampf einer ganzen Nation gegen den Eigengeschmack ist nur aus der Heidenangst vor der mühsam unter Kontrolle gebrachten Wildnis zu erklären. Gäbe man dem Natürlichen oder Naturbelassenen auch nur die geringste Chance, es würde ausschlagen in den Regalen und auf der eigenen Zunge Knospen treiben. Ein hingerissenes, ein selbstvergessenes Kauen und Schlucken – und der ganze unverdauliche Stolz auf das ‚e pluribus unum' unter dem Gaumensegel wäre dahin.

*

Auf den endlosen Rasenflächen kommt nicht einmal ein Gänseblümchen hoch. Statt dessen sorgen Schildchen für Farbtupfer. „Pesticide application. Please keep off" verkünden sie über dem Firmenlogo.

*

Zurücksetzende Lastwagen fiepen wie in die Enge getriebene Ratten. Und auch anderswo gibt die Geräuschkulisse zu denken, in der die so ostentativ herausgekehrte Sorge um das Wohl der Mitmenschen auftritt.

*

Die Türen, die aus dem amerikanischen Traum in die Wirklichkeit führen, öffnen automatisch – an jeder Bushaltestelle.

*

Wüste Erkältung. Eine ehrliche Schleimhaut übt auf ihre Weise Kulturkritik.

*

Diesmal wird nicht Beton zum Schwimmen gebracht, sondern die Sonne. In einem Hafenbecken hinter Milwaukees ‚Wiesn', dem Summerfest-Gelände, kreisen Solarboote und tragen hier ohne Sponsor eine obskure Weltmeisterschaft aus. Von einem dümpelnden Eigenbau mit schwerer Schlagseite, in dem sich – verwunderlich genug – ein ausgestreckter ‚loser' bräunen läßt, bis hin zu schon agileren Konstruktionen sind nur weiße Teilnehmer auszumachen. Der Japaner, der in seinem Tragflügelgefährt mindestens doppelt so schnell ist wie die Konkurrenz und aus dem Überrunden gar nicht mehr herauskommt, scheint zu einer anderen Veranstaltung zu gehören und bleibt draußen vor: diskreditiert von seiner technischen Hinterlist und ihrem maßlosen Erfolg.

*

Die Täter interessieren hier ungleich mehr als die Opfer, und zwar keineswegs nur im Wirtschaftsleben. Unternehmungsgeist wird selbst dann mit öffentlicher Aufmerksamkeit honoriert, wenn er nur zwei- oder dreimal aus der Pistole geschossen aufblitzt, um gleich wieder von der Bildfläche zu verschwinden. Der Unterschied zwischen halsbrecherischen und halsabschneiderischen Transaktionen wollte einer Nation von Pragmatikern ohnehin noch nie in den Kopf.

*

Als um genau einen Monat verrückter Nationalfeiertag ist der 4. August gut zu merken. Da begeht Sheboygan seinen „Bratwurst Day“.

*

Der deutsche Nationalstolz hat die Flagge eingezogen und böte sie allenfalls noch in der Papierwarenabteilung feil. Hier dagegen deckt man sich für den Independence Day im hardware store ein.

*

Ich mag mich irren, aber selbst die überspitzte Art, mit der man in den Staaten einem stumpfen Bleistift zu Leibe rückt, legt gewisse Abstriche nahe.

*

Vielleicht erklärt sich der ortsübliche Optimismus durch die Allgegenwart der Fliegengitter. Die Wirklichkeit dahinter verliert zumindest optisch ihre Schroffheit und Brillanz; der drahtige Weichzeichner verleiht ihr etwas milchig Schutzloses und Hingebungsvolles, das den Nachkolorierer und Weltverbesserer ganz selbstverständlich auf den Plan ruft.

*

Fourth of July: Zur Feier des Tages schon morgens um fünf eine Filmeinstellung. Vom zeitverschoben rumorenden Fax um den Schlaf gebracht, blicke ich aus dem Fenster und entdecke auf der menschenleeren Straße vier Hirschkühe. Gemessenen Schrittes ziehen sie über den Asphalt, lässig zu der Kreatur hinter dem Fliegengitter hinüberwitternd, die sich für zwei Monate dort eingenistet hat: freie Wildbahn in einer Millionenstadt; Unabhängigkeit jenseits der Erklärung.

*

Zum dritten Mal in die Boote. Auf der Titelseite des *Milwaukee Journal Sentinel* kentern die Teilnehmer der „11th Annual Great Cardboard Regatta“ in Sheboygan.

*

„Old World Wisconsin“ ist ein Freilichtmuseum mit einem Minimum an musealen Zügen. Deutsche, polnische und skandinavische Aussiedlerhöfe des 19. Jahrhunderts sind dort in einer Weitläufigkeit, die wohl an den Originalabstand zwischen den Pionierbehausungen grenzt, zu besichtigen. Sie stammen aus allen Teilen des 1848 ins Leben gerufenen Bundesstaates, und der Besucher erreicht sie über staubige und ungepflasterte Wege. In jedem Haus, auf jedem Hof, gibt es ‚interpreters' in historischen Kostümen, die nicht nur erklären, sondern auch arbeiten und dabei das Schmierfett für die Zeitmaschine herstellen, die hier in Gang gesetzt wird. Die Kreide in der norwegischen Schule, mit der das ausgedörrte sechzigjährige

Fräulein „American ends with I can, not with I can't“ an die Tafel geschrieben hat, ist so ein Gleitmittel oder die Pfannkuchen und Bratkartoffeln in der polnischen Kate, die sich in Amerika in ein ‚stovewood house' verwandelt hat. Von seiner Schwelle sehe ich einer Frau hinterher, die in knöchellangem Rock und mit wehender Schürze zwischen den Getreidefeldern verschwindet. Die alte Welt. Auch die Brise kommt direkt von zu Haus. Kopfschüttelnd sehe ich an meinem T-Shirt herunter. Wozu habe ich mich verkleidet?

*

Wieder in den ‚Domes' vor der Welwitschia gestanden. Die Anlage hat sichtlich gelitten. Der Botanische Garten hinter den drei Glaskuppeln ist verschwunden; im Eingangsbereich sind die meisten Fenster durch Spanplatten ersetzt. Innen wird halbherzig renoviert. Das Erfolgsrezept der Welwitschia besteht darin, die Enden ihrer zwei Blätter in eben dem Tempo absterben zu lassen, in dem sie von der Nabe aus nachwachsen. Diese Ausgeglichenheit reicht für Jahrtausende, und weil sie uns abgeht, kommen die neuzeitlichen Zivilisationsanstrengungen nicht über hastige Verpflanzungsversuche hinaus.

*

Pulsierendes Weiß, grelle farbige Lichtblitze und eine Meute von heulenden, jaulenden, japsenden Höllenhunden, die das Zentrum der elektrischen Entladungen wie unsichtbare Veitstänzer umkreisen. Ein derartiges Brueghelsches Spektakel ist das mindeste, was ein auf der Interstate liegengebliebener Autofahrer für seine tax dollars erwarten darf, wenn der Streifenwagen im Rückspiegel Gestalt annimmt.

*

Unterwegs abgebogen und im nächstbesten ‚development' diesen Rohbau besichtigt: eine Streichholzkonstruktion, deren Wände aus auf Lattengerüste aufgenagelten Preßmulchplatten bestehen. Auch der Dachstuhl kommt ohne einen einzigen Balken aus; dafür ist der Bodenraum vor lauter Querverstrebungen nicht begehbar. Das gesamte Areal vermittelt den Eindruck, man stände zwischen den Kulissen einer Freilichtbühne, die einen Sommer lang halten müssen, führe durch ein Potemkinsches Dorf, dem ein paar Übereifrige auch da Rücken- und Seitenwände angefügt haben, wo der vorbeirollende Besucher sie gar nicht wahrnehmen kann. Makler sorgen dafür, daß sich die Boxen mit Statisten füllen. Denn wenn das Theater losgeht und ein Tornado auftritt, verlangt das Publikum Monologe aus der Verheerung. Das wissen die windigen Architekten – und bauen vor.

*

Jahrzehntelang wurde hier gebohrt, gesprengt, Geröll zermahlen. Aber nicht nur die Hinweisschilder am Rand des vollgelaufenen Steinbruchs erinnern an das Getöse; auch die ausufernde, alles verschluckende Stille kämpft immer noch dagegen an.

*

„Thousands of elderly war veterans, dripping with medals" – das Feindbild stammt noch aus dem Kalten Krieg; aber die Metapher ist geistesgegenwärtig genug und verwandelt die altbösen Feinde von gestern in begossene Pudel. Oscar Wilde hätte die Wendung zu schätzen gewußt und dem ordenstriefenden Klassenkämpfer eine Nebenrolle in seinen Komödien zugeschanzt. Nur war er dafür ein Fin de siècle zu früh bühnenreif.

*

Grau und in Sack und Asche wie die Spatzen nach ihrem Sandbad in der Newbury Avenue tritt Boston zutage.

*

Entropisches Exempel in der 23. Hoteletage. Die Schaltuhr im Bad spult schnarrend die Zeit nach dem ‚Es werde Licht' ab.

*

Der geologische Blick. Gelernt in der Franconia Notch nach minutenlangem Starren durch einen glasklaren Wasserfall. Sobald man vom Stürzen absieht, wächst der Fels unaufhaltsam vor einem empor.

*

Der astrophysikalische Blick. Gelernt in einer Bar angesichts der Bildkaskaden von den Olympischen Spielen in Atlanta. Wenn die Kamera die Läufer verfolgt, blitzen auf den Rängen immer wieder Dutzende von Sternchen auf und verlöschen Sekundenbruchteile später. Die Zuschauer photographieren; ich überblende: So sieht Gott, wenn er seine Galaxien abschwenkt.

*

Biologischer Ausblick. Gelernt Seite an Seite mit dem abklappbaren Wickeltisch (‚Baby Changing Station') auf der Herrentoilette.

*

Die Augen vom Plastikbesteck und der ‚Pizza Hut'-Pappschachtel mit dem erkalteten Fladen aufschlagend zur Baseball-Routine auf dem Fernsehschirm über der Theke, streift mein Blick den wahrhaftigsten Satz der letzten Wochen. Er steht auf dem Rücken eines T-Shirts: „Life´s too short to drink shitty beer!" Der aber, dem diese Einsicht im Airport-Restaurant zu Boston auf den Leib geschrieben ist, hat sich einem der amerikanischen Placebos ergeben.

*

Für ein Taumeln über der Klinge, das Sodbrennen in der Pferdedecke haben sie Landstrich um Landstrich abgetreten. Die Bleichgesichter hielten sich für geschäftstüchtig und griffen mit beiden Händen zu. Wie hätten ihnen Wilde klarmachen sollen, was ein Danaergeschenk ist?

IX.
Lahn-Sümpfe 1996/97

Am Ende wüßte man gern, welches ‚überlebt' einem nachgerufen wird.

*

Nach fünf Jahren Transit sehe ich zum ersten Mal die Fluchttüren in der Lärmschutzwand. Vielleicht lohnte es sich, auch andere fürsorgliche Begrenzungen eines verhaltenen Blickes zu würdigen?

*

Während einer fieberfreien, aber die Lebensgeister ziemlich ausgekocht zurücklassenden Erkältung trifft es mich wie ein Schlag: Du bist literarisch exkommuniziert, hast deine künstlerische Missio verloren. Die Ecclesia militans der Begnadeten, der Schönschreiber und Sagenhaften gedenkt sich in Zukunft ohne dich aufreiben zu lassen. Aus dem Wege also! – Diese Ausmusterung angesichts der elektronischen Entscheidungsschlacht, diese Gnade der Etappe, dieses noch ganz unbeschriebene Stück heiler Haut, mit der ich davongekommen bin, habe ich nicht verdient.

*

Im Jenseits unserer infernalischen Gleichgültigkeit, hinter dem Eisernen Vorhang eines trostlosen Betriebs geht es dem ein oder anderen Stipendiaten auf, wieviel Ehre jeder der Kunst antat, der sie verfolgt hat.

*

Inzwischen verkauft doch jeder Besenbinder Kehrsysteme.

*

Wer ihr mit Gewalt zu Leibe rückt, wird ihrer nicht Herr. Der Zungenkuß des Infotainment läßt sie kalt. Sie geht über die Leichen ihrer Jünger und Vestalinnen, aufersteht aus Büchersärgen. Kein Kraut ist gegen sie gewachsen, kein Treibhaus zieht sie vor. Ein paradiesischer Virus, der Adam und Eva nicht auszutreiben war; eine lebensgefährliche Infektion, nach der die Aufgeklärten Schlange stehen.

*

Wie schlechter Wodka ist mir das Dekanat auf die Augen geschlagen und hat die Feinmotorik untergraben. Zuletzt hätte ich fast meine eigene Unterschrift gegenzeichnen müssen, um mich darin wiederzuerkennen. Es ist vorbei. Schon sehe ich glasklar, was die feste Hand meines Nachfolgers anrichten wird.

*

Ich lese im Wintergarten, eine Decke über den Knien. Hinter mir plätschert es verhalten, weil der Kanarienvogel Perlen herstellt. Seine kleine Plexiglaskanzel hängt schon voll davon. Gleich wird er sich triefend herauskatapultieren und verschleudern, was ihm am Leib geblieben ist. Der winzige Spritzer, den ich abbekomme, sitzt mir buchseitenlang im Nakken.

*

Bei der Überführung eines fremden Autos rolle ich hinter meiner Frau her. Der Beifahrersitz in unserem Wagen ist leer. Durch zwei Scheiben hindurch kann ich meine eigene Abwesenheit ausmachen, sehe ich zum ersten Mal das Herzstück jener Ohne-mich-Welt vor mir, der ich so gern auf der Stoßstange gesessen habe.

*

Ein Fehdehandschuh kann keine Fäustlinge leiden.

*

Eine Silbe, während die Grillen des Zeitgemäßen ihre Offenbarungen kapitelweise herunterschrillen – so verständigen sich die Unerhörten über Jahrhunderte hinweg. Und nicht selten untertunnelt ein Gedankengang ganze Gottesäcker der Besserwisserei.

*

Glasnudelbruch sagt Axel Schulz, Zwergensteno meine Tochter dazu, und beide haben die Anschaulichkeit auf ihrer Seite. Was immer sich auswachsen wollte in den siebzehn Jahren Kladdendienst, meine Handschrift war es jedenfalls nicht.

*

Zur Ehrenrettung der Arroganz: Wo immer es brisant wird, ist ihr kaltes Licht unersetzlich. Und keiner durchsteigt den Pulverturm der Vernunft, der sie nicht hochhält.

*

So wie die Industrie Mittelklasseautos, Geländewagen und Feuerwehrfahrzeuge auf den Markt und an den Mann bringt, hat auch die Natur mehrere Typen von Zweibeinern im Angebot, die entweder für die Routinen des Alltags oder für das unwegsame Terrain von Krisensituationen oder für die irrlichternde und alle Verkehrsregeln mißachtende Einkreisung der Katastrophe gemacht sind. Finden sie ein ihnen genehmes Umfeld vor, richten sie sich darin aufs bewundernswerteste ein. Mangelt es aber an Paßgenauigkeit, werden sie für ihre Mitmenschen zum Fluch, weil sie herzustellen versuchen, was ihnen fehlt. Dann betonieren die Gewohnheitstiere alles ein, was sich bewegt; dann prangern die Hektiker jede ruhige Minute als pflichtvergessene Zeitverschwendung an; dann geht den Extremisten das Reguläre dermaßen gegen den Strich, daß sie ab sofort jenes Unheil verkörpern müssen, angesichts dessen sie sonst über sich selbst hinauswuchsen.

*

Früher krähte der Hahn, heute bürstet einen vor Sonnenaufgang die Kehrmaschine ab.

*

Üppige Zeiten, als man die Flinte noch ins wogende Korn warf.

*

Im Herbst spült es einen wieder an, und mehr tot als lebendig kriecht man auf den Strand der Lichtinsel unter der Schreibtischlampe.

*

Mauerblümchen Steinbrech.

*

Die Vögel sind noch die nächsten Verwandten der vom Erdboden verschwundenen Dinosaurier? Dann müssen wir uns das Mesozoikum doch wohl als kollernde, pfeifende, flötende, krähende, zwitschernde und tirilierende Ära vorstellen, die der Baß der großen Fleischfresser durchorgelte wie ein planetarisches Magenknurren.

*

Über ihm die Dachrinne, unter ihm die Straßenschlucht. Ein Leben auf der Kippe. Er hält es nicht mehr aus in der wohlversorgten Enge, in der er von seinen Erzeugern vollgestopft und warmgehalten wird. Tagelang hat er ihnen schon hinterherspioniert, wenn sie von ihm fortrutschten und sich, wie von einem Zauberstab angerührt, in etwas verwandelten, das allem hier, der Dunkelheit, den Kotgestank, entglitt, das weitausholende blitzschnelle Bewegungen vollführte, zu denen er niemals fähig sein würde, das mit einem Schwall der Frische zurückkehrte, in dem er ohnmächtig für einen Atemzug gebadet hatte. Schon ist der Verzweiflung nicht mehr beizukommen. Er muß heraus. Er muß in diese andere Welt. Einen euphorischen Todessturz, einen Paroxysmus seiner verwachsenen Muskeln lang. Die mörderische Sehnsucht ist Übergewicht genug. Er kippt ab Panik reißt ihn auf schlägt über ihm zusammen er schlägt zurück in die Verzweiflung Leere das Sterbenmüssen kriegt er unter die Flügel drischt drischt drischt darauf ein, bis ihn das Bodenlose trägt, erhebt, bis die Regenreste in der Rinne, Zeugen einer schicksalsergebenen Fallsucht, ungläubig und voll hilfloser Gier zu dem plötzlich Unbeschwerten emporsperren.

*

In Schlips und Kragen lernt man zusehen, wie einem die Felle davonschwimmen.

*

Das Blitzgescheite zur Geradlinigkeit verdonnert.

*

Die Mitteilungswut wirft sich noch einmal auf wie eine Kochblase, bevor sich der Satzspiegel glättet und abdampft.

*

Nicht erst seit Boccaccios *Decamerone* erzählt die Todesangst die lebensprallsten Geschichten. Und bis auf den heutigen Tag rotten sich Buchstaben mit Vorliebe dort zusammen, wo einer seine drei Kreuze machen soll.

*

Man muß seine Zeit zum Fenster hinauswerfen, damit die Gedanken durch die Hintertür hereinkommen.

*

Das Glück hat, wie gewisse Indizien nahelegen, eine Pferdenatur. Ich erinnere nur an den Stellenwert des Hufeisens oder an die Redewendung: „Es ist ihm zum Segen ausgeschlagen."

*

Wo der November als Inbegriff des Dunklen und Trüben gehandelt wird, ist man unter Luftikussen. Schon ein Blick in den nächstbesten Tümpel offenbart schließlich, daß dieser Monat atemberaubende Klärungen vorzunehmen weiß und der Vermehrungssuppe des August, der Algenbrühe des Spätsommers längst schon die kristallene Reinheit dessen zurückzugeben verstand, was nichts mehr zu verbergen hat.

*

Können wir uns aus der Natur herauserfinden? Das für die von der Beute erzeugten Schwingungen hochempfindliche Seitenliniensystem des Hais zum Beispiel liest von Rotorblättern erzeugte Wasserwellen als Geplatsche kranker oder verletzter Fische. So kommt es, daß in Seenot geratene Menschen ausgerechnet dann angefallen werden, wenn der Rettungshubschrauber endlich über ihnen schwebt. Der Instinkt behält recht, und wenn er es mit der Technik zu tun bekommt, füllt ihm noch sein grenzenloser Unverstand den Magen.

*

Der hat eine in allen, dieser alle in einer geliebt. Ihr aber müßt es mit dem kleinen Einmaleins treiben.

*

Abendspaziergang Richtung Oberstadt. Mitten auf der Fahrbahn steht ein Auto mit erloschenen Scheinwerfern und pulsierender Warnblinkanlage. Der Verkehr staut sich. Aber die Panne ist keine. Einige Meter weiter entdecke ich auf dem gegenüberliegenden Bürgersteig ein Paar, das sich in die Arme gefallen und, wie von einer Fee berührt, in dieser Versöhnungsgeste erstarrt ist. Ihre kleine Ewigkeit muß auch durch Blech und Glas hindurch spürbar sein, denn von den Angehaltenen betätigt niemand die Hupe. Ich steige weiter auf und sehe mich nicht um: Im Herzen der Dornröschenwelt könnte sich Taktvolles ereignet haben.

*

Auszug aus dem sprachschöpferischen Volksvermögen: Unter dem Windilator sitzt der eremitierte Professor und nimmt in seinem explosiven Lieblingslokal noch einen Bitter Lennon zur Brust.

*

Seine gesetzte Existenz ließ nichts Böses ahnen; – da kam der Umbruch. Gebunden aus dem Haus, ab ins Lager, dort ein paar Jahre nur noch Nummer, dann aus allen Verzeichnissen gestrichen.

*

Deckweiß unter Gestöber. Wie die Fußgänger auf den Bürgersteigen stapfen die Nachrichtensprecher jetzt durch ihre Staumeldungen. Hinter den Schreibtischen sinkt der Erwartungsdruck der Quecksilbersäule hinterher. Weit draußen zwischen kräftig zulegenden Leitplanken schlittern Karossen, drinnen aber ist die verfahrene Welt, sanft abgebremst, in einer kolossalen Schneewehe zum Stillstand gekommen.

*

Zwischen Software-Center und dem Institut für Atemtherapie sind es keine zwanzig Schritt. So schnell kann einem die Luft ausgehen.

*

„Beiden genügte es nicht, als Künstler in Betracht zu kommen.“ Wieder so ein Satz, der das Feuilleton adelt.

*

Gedankenexperiment: Eine bis zum Boden reichende, gerade schrittbreite Pappwand bietet die einzige Deckung. Ich stelle mich mittig dahinter, weil der Schütze mich für klug genug halten dürfte, nicht die erstbeste, also mittlere Position einzunehmen, sondern rechts oder links davon in die Hocke zu gehen. Wenn er so seinem Einfühlungsvermögen hinterherfeuert, wird er mich verfehlen. Der Mann tritt auf, lädt durch, zieht ab, trifft mich ins Herz. Hirnloser Trottel, schießt es mir noch durch den Kopf...

*

Wenn der Sozialneid anklopft an mein schlicht möbliertes Oberstübchen, schiebe ich den Unterkiefer vor, nehme den Staubmantel der Arroganz vom Haken, stecke die Rolle kleiner Scheine, die ich für solche Fälle im Sicherungskasten aufbewahre, zu mir, stürme mit großem Hallo hinaus und halte ihn einen Abend lang frei.

*

Tragödie heißt die Rettungsinsel für das Meer der Gleichgültigkeit. Bei Wasserkontakt bläst sie sich automatisch auf, und die See beginnt zu kochen unter der Arm- und Beinarbeit von Treibenden, dem wilden Gerudere der noch nicht hoffnungslos Unterkühlten.

*

Über der Zielgeraden des Millenniums flattert ein fadenscheiniges Banner mit der Inschrift Auszehrung. Magersüchtige Models verkörpern sie als Schönheitsideal. Die Philosophie feiert die Kadaverisierung von Sinn als Befreiung vom Logozentrismus. Alles schlottert den Idealen der ‘lean production’ hinterher. Wer auch bei der nächsten Ausscheidung noch mitmischen will, hechelt sich spätestens jetzt die Seele aus dem Leib.

*

Wie haben wir ihn gefeiert beim Einzug in Jerusalem! Alle Jahre wieder: Macht hoch die Tür, Sprechchöre, Palmwedel. Darüber schritt er hin, der Tolerante, der große Geltenlasser, Pluralist, Internationale, Völkerverständiger, Schülerstudentendozentenaustauscher, der Massenmediale mit freier Auswahl, der Multi-Kulti-Fürst. Wie hat er uns begeistert, mitgerissen beim Umkrempeln der Stadt. Bis kein Stein mehr auf dem anderen war und wir in einem globalen Dorf wieder zu uns kamen, in der Konturlosigkeit des Weltweiten, unter den läppischen Fassaden einer Erbaulichkeit ohne Grenzen. „Kreuziget ihn“, schrie Ischariot ein paar Stunden lang auf der völkerverbindend marmorierten Plaza der Menschenrechte. Offenbar ein Hinterwäldler. Als es ihnen zu bunt wurde, verfrachteten Boutiquenbesitzer und andere Anrainer den Querulanten ins Taxi und ab nach Golgatha. Ein Animateur nahm ihn an der Schleuse in Augenschein, entschied auf zwei Wochen Verweildauer und schob ihn dann durchs Drehkreuz. Jeder Einwohner verbringt drei obligatorische Tage pro Jahr in Jerusalems gnadenlosestem Freizeitpark. Wir alle wissen, was vierzehn bedeuten. Auch deshalb ist es, entgegen anderslautenden Gerüchten, beim Hosianna in den Straßen noch nie zum Einsatz von Playback gekommen.

*

Daß man sich vom kulturellen Getriebe abkoppeln muß, ist unbestritten. Ob man aber aus eigener Kraft besser fährt, hängt ganz von der intellektuellen Motorik und ihren Treibstoffreserven ab. Nur seltsam, noch jeder Liegengebliebene hatte Profil.

*

Intertextuell verhält sich das Fin de siècle zum Jahrtausendende wie Eingebung zur Eingabe.

*

Sie hat uns den Rücken gekehrt und ist – genau wie beim letzten Besuch – unterwegs in ihre Savanne. Mit der Scheitelhöhe einer Achtjährigen, aber voller und fast am ganzen Körper behaart zeigt sie uns zum Abschied ihr festes blankes Gesäß. Man möchte es gern begreifen, aber die Scheibe riegelt ab. Für die zeitgenössischen Fingerkuppen bleiben nur ihre Fußspuren auf dem Boden vor dem Diorama. Wenn man randständig genug wird, sieht man auch noch die rechte Brust. Klein, spitz, äffisch, aber schon jetzt mit koketten Vibrationen davon zeugend, daß es vorangeht durch den schmatzenden Lehm, durch das glasige Flirren, durch die stehende Luft.

*

Das „Wild Thing“ der Troggs hat mich sofort in den Fängen. Niemand entkommt seiner Sozialisation. Am Silvesterabend ist dieser Kanal voll von den Topgrößen der Sechziger, und schon finde ich mich auf der maroden Fähre wieder, mit der Gerry and the Pacemakers seit mehr als drei Jahrzehnten Regressive über den Mersey schippern. Die eingespielte Konserve stampft und scheppert in alter Frische, von den Gruppen aber zappelt meist nur noch der Sänger oder Lead-Gitarrist, dem der Dorian Gray-Effekt in den Kleidern hängengeblieben ist, seinem Top-Ten-Image hinterher. Eine taktvolle Regie verschont ihn mit der Halbtotalen. „Hide away“, singen Dave Dee, Dozy, Beaky, Mick and Tich. Dann hämmern die Equals ihre Sargnägel ein.

*

Mit Aplomb abtreten kann man nur bis, sagen wir, vierzig und jenseits der neunzig. Den Todesfällen dazwischen fehlt das

Hinreißende früher Vollendung oder das Statuarische der übersättigten Hingabe.

*

Das Wort Hodensack mag immerhin noch vom pingeligen Bemühen zeugen, Unansehnliches nicht schönzureden. Aber ‚Brustwarze' ist eine sprachliche Gemeinheit, wie jeder zugeben muß, der sie auch nur einmal in den Mund genommen hat.

*

Man sollte den Löffel nie abgeben, ohne sich vorher auf seinem vollen Bauch lustiggespiegelt zu haben.

*

„Frontfilm beachten". Uneingeweihte tippen ob des barschen Befehlstons vielleicht auf einen Werbegag für das neueste martialische Breitwandepos. An mir aber ist der Satz friedlich brummend vorbeigezogen. Hinter Glas. Über der Automatiktür eines Linienbusses.

*

Befragen, aufschreiben, sein Urteil fällen. Schön und gut. Aber man muß abzusetzen wissen. Und dann gibt es da noch die Pietät des Patronenwechsels...

*

Kann jemand als Krebsspezialist eine Koryphäe sein, dem die nachbarlichen Topfblumen, die er zwei Wochen lang versorgen sollte, unter den Händen wegsterben. Unser ‚Aber sicher' ist inoperabel.

*

Weiland, am Ende der Transitstrecke durch die DDR, haben wir immer den Verfall der Brautwiesenstraße in Görlitz beklagt. In den auf Vordermann gebrachten, durchrestaurierten Straßenzügen des Westens aber bekommt man ein Auge für die wenigen Parzellen, auf denen die Zeit noch haushalten darf, für die Asyle des Bröckelns und Bröselns, die subtilen Vexierspiele einer Verwahrlosung, die ihren Anflug des Bräutlichen plötzlich nicht mehr verheimlichen mag.

*

Gemäß Verlagsabrechnung habe ich im vergangenen Jahr einhundertundsechzehn Bücher verkauft. Um diesen bemerkenswerten Absatz zu erzielen, waren insgesamt vier Titel vonnöten. Was soll man dazu sagen? Ich jedenfalls wußte mir keinen anderen Rat, als den Trostbrief an den Verleger, der sein Möglichstes getan hat, ohne Rücksicht auf Verluste überzufrankieren.

*

Die Frage nach dem Glück ist immer die Frage nach dem Glück. Um die Heimat steht es nicht besser. Nur die Vertriebenen können eine vorweisen.

*

Gestern noch war Brueghels Schlittschuhläufergemälde auf der Lahn zu besichtigen. Jetzt ist das Wetter umgeschlagen. Es regnet auf das vom Schnee freigeräumte Eis und die Schlitterbahnen. Nur eine junge Frau kurvt noch herum. Mühelos kreisend, sich drehend, rückwärts fahrend. Mit der Lässigkeit der Könnerin betanzt sie zum Abschied das versinkende, das ertrinkende Wasser.

*

Die Intellektuellen haben eine neue Lieblingsbeschäftigung: das Leblosen. Wer es nicht aus dem Effeff beherrscht, kann sich gleich begraben lassen. Gestern abend zum Beispiel brauchten die Gastgeber nur ein paar eben angedünstete Fachbereichsinterna vorzulegen – schon brach es aus den Geladenen hervor, und es wurde bis tief in die Nacht geleblost, was des Zeug hielt. Fast schien es, als sollte eine Meisterschaft ausgetragen und der größte Lebloser von allen auf den Schild gehoben werden. Aber dann obsiegte doch die Kollegialität, und die chancenreichsten Kandidaten begnügten sich damit, einen versprengten Lebhafter zu enttarnen, der sich den ganzen Abend stumm an seinem Puls festgehalten hatte und jetzt hochroten Kopfes das Weite suchte.

*

Verantwortungsträger werden? Aber wir lahmen doch schon, was das Zeug hält.

*

Das Schöne will nicht mehr durch uns zur Welt kommen. Es schlägt uns mit Sterilität und der Blindheit gegenüber dem Bankert des Banalen. Die Wehen werden sächlich und wirbeln allenfalls noch Staub auf. Was trotzdem nachwächst, was wir den verkabelten Brutkästen entnehmen, hat keinen Nabel mehr.

X.
GRAN CANARIA 1997

Jeden Abend lassen die Fallschirmspringer das Pendel noch einmal ausschlagen. Dann vagabundieren drei Mauersegler vorbei, und die Langmut kehrt von den Bergen zurück. Die Katze hängt sich tief zwischen die Vorderläufe und trinkt wie kniefällig aus dem Pool. Noch später, wenn auch das Wasser ganz zur Ruhe gekommen ist, fährt ein Käfer die vier Seiten ab, als sei er das letzte Aufgezogene in diesem Urlaubsuhrwerk in der Wüste.

*

Zwei Männer hieven in der Anlage Bettenunterteile über den Balkon und schweißen unter Bougainvilleablüten die Beine wieder fest. Dabei fängt manchmal die Stoffbespannung Feuer. Der Schweißer schlägt es mit seinem Gesichtsschutz aus. Unwillkürlich denkt man an die Verursacher der Locke-rungen, an andere Schwelbrände, die Entzündlichkeit von Erinnerungen. Und daran, wie die Libido zu Hause mit dem Visier hantiert.

*

Hier wird Buch um Buch in den Himmel gehoben, denn nur, was sich vor die Sonne schiebt, darf seine Geschichte erzählen.

*

Undenkbar, daß Identität bestehen soll zwischen den Cremierten, die der Mittagsdämon auf dem Plastiklager niedergestreckt hat, und denen, die abends kleidsam aus ihren Apartments auferstehen und wandeln. Entweder handelt es sich um eine raffinierte Schnittechnik, oder der Demiurg macht Urlaub und leistet sich Filmrisse am laufenden Band.

*

Ein Zupacken zwischen den Dünen. Es entweichen feine hissende Laute. Sie wird nachdrücklicher. Schüttelt, preßt, pumpt, bis die Phantasie die Augenlider des Nächstliegenden aufklappt. Sein Blick kommt gerade noch zurecht für die unter gurgelndem Verröcheln gewährte letzte Spende. Unwirsch und schon deutlich gerötet läßt sie von der Plastikflasche ab.

*

Rechts vom Balkon die große weiße Wand mit dem Verbotsschild ‚No Diving' und dem kleinen Fenster, durch das man auf Treppenstufen blickt. Jeden Abend noch vor neun geht dahinter das Licht an, und ein alter Herr arbeitet sich Schritt für Schritt nach oben. Auf seinem Rücken liegt eine Hand, die weniger stützt oder gar schiebt, als daß sie ihm zu verstehen gibt: ich bin da. Seit ich sie beobachte, jeden Abend das gleiche Ritual. Der schwere Körper. Die aufgelegte Hand. Transit hinter Glas. Sie ist mindestens zwanzig Jahre jünger. Sie opfert sich nicht auf. Was die beiden tagsüber ausstrahlen, wenn man ihnen begegnet, ist cine verhaltene Art von Glück. Etwas ist gestundet. Jeder Morgen beginnt mit der freudigen Überraschung, daß sich nichts verändert, nichts verschlimmert hat, nachdem die letzte Stufe erklommen war. Beim Abstieg schaue ich nicht zu. Man muß die Ausschilderung beachten und darf nicht kopfüber in fremde Leben eintauchen wollen. Außerdem ist es dafür zu spät. Gestern abend sprang ein junges Mädchen mit Zopf durch das Einblick gewährende Viereck nach oben.

*

Am nächsten an den Bergen, die jedes Jahr, das dieses künstliche Paradies steht, leicht mit ein paar Millionen aufwiegen, sind noch die staubgrauen und schon wie abgewrackt wirkenden Rohbauten. Am weitesten weg ist das Riesenrad rechts neben dem schnurgeraden und ausgemauerten Wadi. Jede Nacht strahlt es rot, gelb und grün: ein frohgemutes, zukunftsweisendes Glühwürmchen, das sich gekrümmt hat, sobald die flugtouristischen Zeiten gekommen waren, und nun seinen Triumph hinausmorst über ein trockengefallenes Flußbett und die vorausberechnete kanalisierte Flut.

XI.
LAHN-SÜMPFE 1997

Mit dem Rücken zur Wand? Das ging den Büchern schon immer wider die Natur.

*

Eine andere lädierte Schautafel auf demselben Pfad. Das halbe Glas herausgeschlagen wie aus der Brille eines Überfallopfers. Die Schrift dahinter vom Winter zerlesen. Überbleibsel irgendwo zwischen Braille und mustergültig arrangiertem Fliegendreck. Ein Code, der uns partout nicht in den Kopf will.

*

Ein eingerissener und vergilbter Zettel klebt hinter dem Fenster, der uns vorhält, wie wir mit den tropischen Regenwäldern umspringen. Die Bestände seit 1950 halbiert; stündlich Verluste in der Größenordnung von mehreren Fußballfeldern und was die Arithmetik des Raubbaus sonst noch auszählt. In der Halle hinter dem Menetekel wird emsig gearbeitet: an der Anlage eines tropischen Regenwaldes samt Strandzone. Der weiße Sand der Unschuld rieselt naturgetreu aus einer Bulldozerschaufel, die Technik leistet Abbitte auf ihre Art: Prinzip Modelleisenbahn. Was soll die Aufregung? Miniaturisiert schnauben die Dampfrösser weiter. Und auch vom Regenwald geht nichts verloren. Alles noch da, alles termingerecht zur Besichtigung freigegeben. Bei der Eröffnung sind die Fenster geputzt, und niemand redet von Fußballfeldern. Man sieht es ja, zwei Strafräume reichen der Artenvielfalt vollkommen aus.

*

Hale-Bopps allnächtliche Live-Show. Mein erster Komet. Alle Jubeljahre tritt er auf und entwickelt Star-Allüren. Sonnt sich exzentrisch. Versucht, sich seinen immer neuen Künstlernamen einzuprägen für die zweieinhalb glanzlosen und kältestarren Millennien nach dem Umschwung. Ein Eisblock, der für Bruchteile seiner Existenz ins Reflektieren gerät und darüber spektakulär wird wie einer von uns. Hail Bopp!

*

Die Medizin kennt das Phänomen der postoperativen Depression. Wie gern würde man diesen Begriff unter den Skalpellen hervorziehen und in die weite Welt hinausschicken, damit der Handlungskater endlich weiß, was er auf seine Visitenkarte drucken lassen soll.

*

Das Leben ist kein Sahneschlecken, aber ein bißchen Ähnlichkeit mit Kondensmilch wird man der eigenen Vita doch wohl wünschen dürfen. Wie oft habe ich die fast leere Dose entmutigt geschüttelt, aber dann reichte es doch noch für den Nachmittagstee.

*

Wieder einmal Kunst und Leben. Dem vor vierhundert Jahren in Straßburg geborenen Maler Sebastian Stoskopff wird jetzt in seiner Geburtsstadt die erste Retrospektive ausgerichtet. Obwohl der Familienname eine gewisse Neigung fürs Blindwütige nahelegt, ging er ganz im Stilleben auf und war insbesondere in der Darstellung hauchzarter Gläser ohne Wasser oder Wein unerreicht. Meist arrangierte er sie in Weidenkörben in kunstvollem Durcheinander. Post festum auf den ersten Blick, aber dann doch wieder so makellos, so blitzblank, daß sich der Betrachter einfach nichts herausnehmen mag – weder an Trinkgefäßen noch an Vermutungen über die Ursachen für dieses sorglose Aufschichten und Türmen von lauter Zerbrechlichkeiten. Wie beim Anstoßen klingen Kunst und Obsession zusammen, bis der Chronist dazwischentritt und klirrend einen biographischen Scherbenhaufen zusammenfegt. „Anno 1657“, vermelden die Idsteiner Annalen, „Den 11. Febr. Ist Stosskopf der mahler von Strassburg, welcher sich am

Brandewein zu tod gesoffen, Morgens zwischen 7 und 8 Uhr zu ungewöhnlicher Zeitt ohne Gesang und Klang hinausgetragen und begraben worden."

*

Bevor sie für den Werbespot auch nur einen Finger rührten, hatten die PR-Spezialisten schon sein Zwillings-t zu Geld gemacht.

*

Apus apus ist seit zwei Tagen überfällig, Hessen von allen guten Geistern verlassen. Ich stehe kurz davor, die Fliege zu machen.

*

Ein sich aus der politischen Arena verabschiedender Kämpe jammert in einem Interview: „Ich bin enttäuscht worden." Die in Fleisch und Blut übergegangene Angewohnheit, den Schwarzen Peter weiterzugeben, macht ihn unfähig zu dem Bekenntnis: „Ich bin enttäuscht"; die nicht weniger tiefsitzende Parteiräson aber läßt auch die zweite Wahrheit nicht über die Zunge, nämlich von seinesgleichen getäuscht worden zu sein. Das Resultat ist noch einmal einer jener faulen Kompromisse, deren unselige Verkettung, wenn mich nicht alles täuscht, Karriere heißt.

*

Nach dem Sport, den Muskelkater schon zwischen den Schulterblättern, geht es nach Hause. Nur der Blick turnt noch weiter über Kopf in den blühenden Zierkirschen. Da driftet der erste quer durch die rosarote Wolke, Heimkehrer wie ich, aber die Schwingen, auch nach unzähligen Flugstunden noch, blütenblattleicht.

*

Laufen Sinn und Hoffnung auf das gleiche hinaus? Ist das Hoffen nicht da am innigsten bei sich selbst, wo es unsinnig wird, sich ‚wider alle Vernunft' behauptet? Und müssen wir nicht in Raum und Zeit Welten über Welten als sinnreich akzeptieren, die für den einzelnen oder für die Gattung jede Hoffnung zunichte machen und in denen wir nicht leben könnten? Das ganze All ist, so gesehen, hoffnungslos sinnvoll; nur unser kleiner Planet trotzt, strotzt unsinnigerweise von Hoffnungsträgern.

*

Das Gegenwärtige überwältigt und überweltigt uns. Deshalb können wir uns in der Nacht den Tag, im Mai den Winter nicht wirklich vorstellen und umgekehrt. Deshalb aber überleben wir auch die mitternächtlichen Alpträume und die seelischen Kälteeinbrüche unserer Geschichte. Sie erscheinen nämlich nur unerträglich, wenn wir eben hineingeraten oder uns später daran erinnern. Dazwischen herrscht die überwältigende Gegenwart, in der – zumindest für den Alltagsverstand – immer alles nicht anders sein kann, als es gerade ist.

*

Uraufführung von Marius Constants *Sade/Teresa*, einem „phantastischen Melodram in vier Bildern". Ein paar Vorstellungen später ist der Zuschauerraum vielleicht noch zu einem Fünftel besetzt. Trotzdem breitet sich angesichts der leeren Reihen ein seltsames Wohlbehagen aus. Es verdankt sich nicht nur dieser feinen kleinen Oper, sondern auch der Gewißheit, daß selbst bei vollem Haus nicht mehr Hörer zusammengekommen wären. Die Sache geht heute also nur ehrlicher über die Bühne.

*

Zur Generalprobe von Bachs h-Moll Messe durch eine Kirchentür geschlüpft. Dahinten in der Apsis wogt der Chor bei jedem Einsatz wie ein Busenwunder auf.

*

Nebenan lassen sie eine frisch ausgeschlagene Eiche niedermachen. Mit Stumpf und Stiel. Im Nu wird alles fortgeschafft; nur das unterirdische Wurzelwerk zeugt noch wider die Vandalen. Möge es die Schamlosen daran hindern, im Boden zu versinken, wenn ihre Zeit gekommen ist. Und möge eine kopfstehende Kettensäge dasjenige sein, was zur letzten Ölung aller Beteiligten ausreichen muß.

*

Strahlender Sonnenschein mit Pollenflug. Die Pflanzenwelt feiert eine Orgie der Passivität, des Sichgehenlassens, der Selbstzerstreuung in alle Winde. Diese Erneuerung aus dem Tatenlosen, das Immergrün, das der völligen Auslieferung entwächst, schlägt dem abendländischen Pragmatismus auf die Schleimhäute. Und in den Allergikern ringt das Weitermachen nach Luft.

*

Wir sind Gegenstand, Zeugen und Opfer des größtmöglichen Experiments. Seine Ausgangsfrage lautet: Wohin geht die Reise, wenn man die Neugierbremse ausbaut? Alle Vorgängerreligionen hatten böse Ahnungen und haben Abschreckungsgeschichten erzählt von Hybris und dem Zorn der Götter. Nur die Bacon-Bacchanten sind rasend genug und wollen es wissen.

*

Nicht erst im Stilleben wurde die Kunst Dinghafter.

*

Wer im Lebensstrudel mitwirbelt und nur das gegenüberliegende Stück Steilwand fixiert, für den steht alles grundsolide fest. Ein einziger verrückter Blick nach unten zur Trichterspitze aber genügt, um uns der gurgelnden Wahrheit, um uns des Mahlstroms Welt ansichtig werden zu lassen.

*

Zwei Kapitel einer Max Beerbohm-Monographie sind überschrieben: „The Active Years: 1895-1910“ und „Retirement: 1910-1956“. Das nenne ich ein Künstlerleben. Rossinissime!

*

Dingfest. Und kein Mensch feiert mit.

*

In den Himmel kommt nur, was Federn lassen und sich mausern kann.

*

Zwei Weltreisen am Wochenende. In die High-Tech-Hütte am Rande der Skulpturenausstellung. In die Marienkapelle an der Peripherie von Münster. Ich schiebe den schwarzen Vorhang zur Seite und betrete einen abgedunkelten Glutofen. Ein Puppengesicht auf einem Fernsehschirm, Elektronikinnereien hinter Vitrinenglas, noch stromdurchpulst, ein Drucker, der nach langen Ruhepausen plötzlich eine Zeile herausprasselt wie ein schon aussetzendes Gehirn. Unentwegt nur die Musik – Dvořáks „Neue Welt“ –, durch die ab und an Count-down-Fetzen geistern. Aber hier in der Hitze ist die Zeit wabernd stehengeblieben, und die Neue Welt schläft ihren letzten Dornröschenschlaf. Es war einmal. Ein Prinz küßt keine Transistoren wach. Auch ist ihr Koma so berückend schön... Durch den Vorhang dringt ein neuer Laut. Kühlung verheißend. Als ob jemand eine Karaffe voll Eiswasser so langsam wie nur möglich in ein gekacheltes Becken gießt, die Entleerung aufschiebend in der Hoffnung, dem Neuankömmling doch noch eine Wohltat erweisen zu können. Ich trete hinaus, hinein. Das Geräusch bleibt, die Aussichten ändern sich zum guten Glauben hin. Kerzenschein und Weihrauchreste. Aber die aufstrebenden Wachsleiber sind heute verkrümmte, verrenkte Jammergestalten. Manchen hängen die Dochte heraus wie hechelnde Zungen. Und alle wanken sie auf ihren Eisenstacheln über der Wanne mit schon Liquidierten. Außentemperatur und Eigenhitze haben das Unheil angerichtet, das noch schlimmer ausfiele, wenn das Unterfängnis nicht undicht wäre. So hat der Küster zwei Blecheimer an die vorderen Ecken gestellt, in die sich das seiner Aufgabe nicht länger Gewachsene mit dünnem Strahle davonmacht. Ein scheinbar unerschöpflicher Born, ein heißer Tränenstrom, vergossen über dem Eigenbrötlerischen und Unfrommen in der Physik.

*

Wie wenn ein Schlund, ein Verzehrendes unser Ureigenstes ausmachte und der Ich-Kern nur eine Reaktionsbildung und Ummantelung wäre, um den Sog des Unwesens ein paar kostbare Jahrzehnte lang mit sich selbst abzuspeisen?

*

Bisher hat mich mein Schutzengel immer noch vor allzuviel Gutgläubigkeit bewahrt.

*

Auch der Gedankenflug kennt viele Stile: das preziöse Auf-der-Stelle-Flirren der Kolibris, das verhuschte Nicht-aus-den-Büschen-Kommen von Zaunkönigen und Heckenbraunellen, die große Flatter der Tauben, das auf- und niederwogende Himmelsgeruder der Krähen, die pfeifende Majestät endlich abgehobener Schwäne. Wenn ich es mir aussuchen dürfte, aber möchte ich über dem Eisblau des Himmels schaulaufen können wie die Beschwingtesten aller Gleiter, die Mauersegler.

*

Es gibt Beschreibungen des Phantastischen und Unerhörten, bei denen man keinen Augenblick daran zweifelt, daß sie der Realität entsprechen. Zu maßlos die Verwandlungen, zu ungezwungen die Teilnahmslosigkeit jenes anderen Erfindungsreichtums: „Tief durchglühter, ziegelrot verfärbter Boden und dicke Lagen von verschmolzenem Fensterglas lassen das Feuer dieser Nacht noch einmal aufscheinen. Verglühte Eisenrohre und Bandeisen erinnern an die Werkstatt eines Flaschners; von der Färberwerkstatt in der Nachbarschaft berichten kreisrunde Farbflächen in Blau, Rot und Gelb. Die hölzernen Farbfässer sind verbrannt, verdampft das Wasser, geblieben sind nur die leuchtend bunten Pigmentspuren.“

*

Wie die Bezeichnung schon nahelegt, ist ausgewiesenen Kennern die Innenperspektive verschlossen.

*

Der Grabstein schwer rückfällig und statt von Moos von Solarzellen überwuchert. Für Besucher gibt es zwei Fußschalter; über dem linken leuchtet ‚Test', über dem rechten ‚Pietät'.

*

Allen Unkenrufen zum Trotz dümpeln wir weiterhin in der Prä-Postmoderne. Und wem es im selben Boot zu eng wird, der geht ins Wasser und spreizt sich hinter der Staumauer des Bindestrichs.

*

Es läuft nichts ohne Destille. Entweder man liefert selbst wenig, dafür aber Hochprozentiges aus, oder man produziert auf Ausstoß für die Nachbrenner der Literaturgeschichte.

*

Früher machten die Frauen beim Besticken ihrer Aussteuer absichtlich einen Fehler, denn nur Gott ist vollkommen. Auch ohne die Annahme eines metaphysischen Neiders kommt mir diese Geste immer noch wegweisend vor. Eine schöne Umgebung ist nämlich ohne das Anzitieren des Häßlichen seltsam steril, und die Makellosigkeit des Umfeldes wird durch einen Defekt erst augenfällig. Deshalb gibt es ein Asylrecht fürs Ungestalte, und wer es in seinem Perfektionismus mißachtet, wird bald die Erfahrung machen, daß nichts und niemand vollendeter Rache zu nehmen versteht als das ausgegrenzte Mangelhafte.

*

Solange man sie für lebensgroß hält, wird man Arnold Kramers Plastik „Friedrich Nietzsche im Krankenstuhl" lediglich Mittelmaß attestieren. Wer sie aber im Weimarer Sterbehaus auf den zweiten oder dritten Blick entdeckt, bei dem nimmt die Hochachtung wohl gerade so zu, wie die Dimensionen dieses Kunstwerks vor seinen Augen in sich zusammenschnurren. Unter unserem herabgebeugten Zyklopengesicht stiert da aus seinem Lehnstuhl ein Däumling ins Leere. Dieser Hammerphilosoph und Gotteszertrümmerer mißt keine zwei Handspannen. Kramer hat ihn unter penibler Beibehaltung der Nietzsche-Ikonographie gnadenlos entmonumentalisiert. Soll man sagen, daß wir der Winzigkeit des Größenwahns ansichtig werden oder daß uns diese Miniatur im Akt der Kontemplation metaphysiziert? Jedenfalls ist es die Schrumpfung, die uns eine ästhetische Erheblichkeit lang in etwas verwandelt, was den gesunden Nietzsche zum Rumpelstilzchen gemacht hätte: mitleidige Übermenschen.

*

Im Hosenbund lese ich als Markenzeichen ‚World Wide'. Das könnte meinem Gekröse so passen.

*

Vom Rowdy bin ich zu meinem eigenen Roadie geworden und baue ab. Erstaunlich, wie sich der Mitteilungsdrang verliert, wie sich die Arroganz verflüchtigt, der ich meine klarsten Momente zu verdanken hatte. Etwas zieht den Kasper vom Zeigefinger und wirft ihn in die Kiste...

*

Fast wäre mein Vater mit einem Rucksack voll Fallschirmseide aus dem Krieg nach Hause gekommen. Für das Brautkleid meiner Mutter. Weil aber die geballte Luftigkeit jenes leichtfüßige Ausweichen und Umgehen behinderte, das als post-militärische Fortbewegungsart gerade in höchstem Ansehen stand, hat auch er kapitulieren müssen und den Traum irgendwo im Harz begraben.

*

Bald werden wohl Milton-Sticker auf unseren elektronischen Gerätschaften auftauchen, deren Stand-by-Betrieb inzwischen gut zehn Prozent des Stroms wegfrißt: „They also serve / Who only stand and wait."

*

Fliegen sind Rationalisten. Sie suchen den Ausweg in den eckigen Arealen der Klarsicht. Sich davon fortzubewegen auf die Undurchschaubarkeit des Rahmens oder geradewegs ins Dämmerlicht der Innenräume vorzustoßen fällt der Sechsbeinervernunft im Traum nicht ein. Bis zum Umfallen prallen sie so gegen das Lichte, das jene Freiheit verspricht, die nur erreichbar wäre, wenn man sich abkehrte. Rationalisten sind Fliegen.

*

Ich sitze auf einer Bank im halbwegs freien Feld. Hier wird gesät und geerntet, es gibt Zäune, hinter denen Kühe grasen, und noch weiter weg Leitplanken für die geräderte Eilfertigkeit, die auf Kurs gehalten werden will. Alles liegt da in unserer Ordnung, wehrlos und wohlbestellt. Und doch sitzt neben mir, zurückgelehnt und mit wenig sittsam ausgescherten Beinen, die ewig junge Gewißheit, daß wir hier nur geduldet sind.

*

Jus talionis Newtoniensis: Was uns Gesetz auf Gesetz enthüllt hat, ist nach Jahrhunderten nun selbst gesetzt geworden und der Logik allen Wachstums gehorchend dem ‚law of diminishing returns' anheimgefallen.

*

Auch die literaturwissenschaftlichen Theorien der letzten Jahrzehnte vom ‚archetypal criticism' bis zur postkolonialen Selbstentsühnung sind Heißluftballone, denen nur noch das Überfliegen von Texten möglich ist, bevor die flammende Begeisterung nachläßt und sie irgendwo hinter dem Interessenhorizont der nächsten Aufsteiger niedergehen.

*

Tagungsgegenstand: „Death-in-Life". Tagungsteilnehmer: Schriftgelehrte, allesamt ektoplastische Vertreter ihrer blutleeren Disziplin. Tagungsort: ein denkmalgeschütztes süddeutsches Mortuarium mit Stadtrechten. Die totale Mondfinsternis am zweiten Abend der Gipfel pleonastischer Überbietung. Als einziger Lichtblick auf dieser Schädelstätte, als das einzig Lebendige während der zum Symposion verklärten dreitägigen

Totenwache ist mir die zeitgenössische und gleichsam bis auf die ästhetischen Knochen abgemagerte bischöfliche Grablege im Dom zu Eichstätt in Erinnerung geblieben.

*

Der Anfang war zauberhaft, und jeder Abend mit ihr bedeutete ein neues Kapitel. Dann aber trübte sich das Blendende ein, gewährten die Fesseln Spiel. Gemischte Gefühle traten auf. Routinen wurden absehbar. Die ganze Affäre begann, unter dem hinreißenden Parfüm auf eine enervierende Art Schalheit zu verströmen. Ich schlief eine Nacht darüber; am Morgen erwachte ich mit dem Entschluß, sie nie wieder aufzuschlagen und nicht weiter in sie einzudringen. Statt dessen strich ich ihr zum Abschied mit der Hand über den Rücken und trug die Ausgabe dann zurück auf ihr Bibliotheksregal.

*

Als Skinhead mit einer einzigen Stirnsträhne, so wurde Kairos, der schicksalsträchtige, entscheidende Augenblick, bei den alten Griechen personifiziert. Man mußte ihm zupackend und en face entgegentreten, sonst wischte er vorüber. Hinterrücks gab es auf der glatten Kopfhaut kein Halten mehr, und wenn sich der Säumige mit fahrigen Händen wenigstens seiner eigenen Haarpracht zu versichern suchte, stieß er über der Schädelnaht gerade noch auf eine Skalp-Locke.

*

In der Braukunst hat man es mit allen möglichen Kräuterbeimischungen versucht, bevor man vor einem halben Jahrtausend auf den Hopfen verfiel. Seither liefert er die feinen Bitterstoffe, ohne die uns der läppische Sud nicht durch die Kehle wollte. Jeden Spätsommer sammle ich ein paar wilde Dolden und hänge sie im Wohnzimmer auf. Sie würzen mir übers Jahr, was es an Unter- und Obergärigem zu schlucken gibt.

*

Die Selbstlosigkeit hat beängstigende Formen angenommen.

*

Ein untrüglicher Tumor-Marker ist das Aufsuchen von Wunderheilern. Da das avancierte klinische Versorgungssystem keine Gesundung mehr verspricht, setzt man auf das okkulte Wissen einer vorgängigen Naturheilkunde, deren Ohnmacht die Patienten doch einst scharenweise zur doppelten Schutzimpfung in die Hände der Schulmedizin getrieben hatte. Vertrauensverlust, Unglaube also, und die abergläubische Rückversicherung am nun hoffnungsschimmernden Überholten sind dabei offenbar zwei Seiten derselben Medaille. Daß jede Medizin das Pathologische nur umverteilt und dabei gerade jenen Krankheiten zu nie dagewesener Blüte verhelfen muß, derer sie nicht Herr wird, bleibt eine zu bittere Pille für die meisten Patienten, die deshalb bei Hildegard von Bingen und in den Energiefeldern der Realitätsverleugnung Schutz suchen.

*

Alles ungespritzt. So wirbt nicht der Obsthändler um die Ecke, sondern eine auf Naturkost umgeschwenkte Sexpostille.

*

Entweder läuft alles nach Plan, oder der dauernd umgetaufte Drahtzieher wird zugunsten der Wursteleien des Zufalls aus der Weltgeschichte entfernt. Ein Drittes kommt nur der Kunst in den Sinn. „Chance would have it“, eröffnet Samuel Butler, „that providence was on my side.“

*

Beim Vortrag muß das Gedicht über fremde Stimmbänder, beim Übersetzen durch einen fremden Kopf. Ich habe nie verstanden, warum diese dem Seiltänzerischen und der Elastizität förderlichen Übungen mit Vitalitätsverlusten einhergehen sollten.

*

In der Praxis läßt er seinen kundigen Blick auf mir ruhen, bei dessen etymologischer Herleitung die Kunde eine Geschlechtsumwandlung hat hinter sich bringen müssen.

*

Nicht als Patienten oder Krankenbesucher, nein, als geladene Gäste durchqueren wir den ‚Eingangsbereich'. Das Klinikum öffnet uns seine forsche backstage. Zwei Habilitationsvorträge, bei denen die Diaprojektoren nicht zur Ruhe kommen und der rote Laserpointer unentwegt Bemerkenswertes einkreist. Die Disziplin, bemerkt der von Tuten und Blasen eingelullte, im akademischen Chorgestühl zurückgelehnte Ignorant, hat etwas marathonös Keuchendes, unterlegt mit einem maschinenhaft pumpenden Stampfen. Technisch überholt haben die Spezialisten sich selbst in die eiserne Lunge bugsiert und müssen jetzt zusehen, wie die Erreger mit jedem Atemzug an rosiger Gesundheit zunehmen, wie sie mit jeder Entdeckung, jedem Geistesblitz intelligenter werden.

*

In England schweigt man sich heute, am Armistice Day, Punkt elf immer noch landesweit in die Gräben zurück, in denen das 20. Jahrhundert verblutet ist. Bei uns kommen genau elf Minuten später wieder die Jecken aus der Kiste.

*

Novemberfrösteln. Warten auf dem schon verdunkelten Bahnsteig. Der Aufgang entläßt eine junge Frau, die einen weiten Bogen schlägt, um hinterrücks auf der Bank Platz zu nehmen. „Achtung, eine Durchfahrt auf Gleis 4“, sagt der Lautsprecher. Stille; dann rollt und rollt und rollt es ein. Die Ohren drehen den Kopf. Die Augen machen zwei Armlängen entfernt ihre Locken aus, die der Fahrtwind auffächert wie bei einer Modenschau, und dahinter – mal diesen, mal jenen Körperteil entblößt unter dem flappenden Drillichzeug – immer derselbe gespenstisch wiederkehrende, auf seinem Waggon vorbeiwischende, im Schlepp seiner selbst doppeldoppeldoppelgängerisch Gestalt gewinnende Schützenpanzer.

*

Eine Kirche bleibt noch zu bauen und auszumalen: Sant'Agnostino.

*

Standortbestimmung: Marburg ist eine Perle, heißt es auf der anderen Seite der Lahn. Dort hält man auch die heilige Elisabeth weiterhin für die Schutzpatronin der Stadt. Als Einwohner setzte ich eher auf Patera oder ein Kon-Kubinat.

*

Legten Wechseljahre nicht eigentlich den gekonnten und gewinnträchtigen Umgang mit Valuta nahe?

*

Mitten im Dezember wendet sich das Blatt. Gestern waren sie noch nicht achtzehn Wochen fort, heute lassen sie keine viereinhalb Monate mehr auf sich warten. Vor dem Zeigefinger, im niedergekommenen Himmel aus Pulverschnee beflügeln sich meine Totemtiere.

INHALT